CLAUDE LEBEDEL

COMPRENDRE

la tragédie

des

Cathares

Photographies

CATHERINE BIBOLLET
est représentée par l'agence TOP-RAPHO à Paris

ÉDITIONS OUEST-FRANCE

SOMMAIRE

Château de Puilaurens : ce château, qui est situé le plus au sud de la France, est l'un de ceux qui ont conservé un certain nombre d'éléments de la période cathare (voir également pages 118 et 119).

PROBLÈMES DE VOCABULAIRE
DIVERSITÉ DES APPRÉCIATIONS

Il a été beaucoup écrit sur les cathares ; beaucoup et même trop, en ce sens que des idées assez éloignées de la réalité ont parfois été émises à leur sujet. La dérive des interprétations a conduit à entourer d'un halo surnaturel des événements tragiques qui ont occupé dans l'histoire de notre pays une place importante. Pour comprendre un ensemble de faits qui se sont déroulés sur près de deux siècles (l'élimination du dernier Parfait cathare date de 1321), il vaut mieux partir d'idées simples qui s'affineront au fur et à mesure de la description et de l'analyse de cette véritable tragédie humaine où l'intolérance a imposé sa loi absolue. Ainsi, le lecteur qui voudra suivre une route des châteaux cathares pourra entamer son périple avec un certain nombre d'informations et de réflexions qu'il aura tout loisir de compléter et de diversifier, tant la littérature historique, pseudo-historique voire fantaisiste sur les cathares et le catharisme est abondante.

Le premier point à préciser concerne le vocabulaire. Il faut savoir que ni les « cathares », ni les prêtres ou religieux chrétiens, ni l'Inquisition n'ont employé ce terme ; l'expression la plus usitée était « hérétiques albigeois » ; à l'intérieur de cette catégorie, les Inquisiteurs faisaient un sort à part aux « Parfaits », c'est-à-dire les prêtres ou prédicateurs hérétiques. Le qualificatif d'« albigeois » s'explique par le fait que dans cette région le catharisme avait beaucoup prospéré.

Pour désigner le camp adverse, celui dont l'objectif était l'élimination de l'hérésie cathare, plusieurs termes peuvent être utilisés : les croisés, la papauté, les Français ; dans ce dernier cas, la référence est bien conforme à l'his-toire ; à l'époque en effet le mot « Français » désignait les habitants de l'Ile-de-France, noyau central de ce royaume de France qui peu à peu émergeait. Or c'est bien de cette région que provenaient pour l'essentiel (en particulier leur chef Simon de Montfort) les membres de cette armée qui trancha par la force (et dans quelles conditions souvent horribles, on le verra !) le problème cathare.

La manière selon laquelle à travers les siècles l'affaire cathare a été appréciée constitue le deuxième point à préciser ; chaque époque a apporté sa part dans la diversité des jugements. Du XIVe au XVIIIe siècle, une chape de plomb s'est abattue sur le souvenir de cette période soit par mauvaise conscience, soit, et plus exactement certainement, parce que le poids de la pratique religieuse et

🔳 **Détails du jugement dernier, fresques de la cathédrale d'Albi : cette idée du jugement dernier constituait un élément essentiel de la prédication des prêtres et des moines luttant contre la doctrine cathare.**

Photos Hervé Champollion.

LE MOT « CATHARE »

On utilise ce mot pour désigner deux catégories de personnes : il peut s'agir soit des adeptes, des croyants de la religion du même nom, soit des prêtres de celle-ci ou « Parfaits » (voir encadré). Mais il faut savoir que ces personnes n'utilisaient jamais le terme de « cathare » pour désigner leur croyance, pas plus du reste que le mot de « Parfaits » : les prêtres « cathares » étaient qualifiés et se qualifiaient eux-mêmes de « Bons chrétiens » ou de « Bons hommes » (et aussi « Bonnes chrétiennes » et « Bonnes femmes » puisque la religion cathare ne donnait pas aux femmes un rôle mineur, bien au contraire).

L'Inquisition n'a jamais utilisé le terme de cathares pour désigner ces « hérétiques ». D'où vient donc ce mot ? On l'a vu apparaître en 1163 dans un sermon d'un moine allemand, Eckbert de Schonau, pour désigner des hérétiques avec lesquels il a « disputé » (« ce sont ceux qu'en langue vulgaire on appelle "cathares" »).

Comment se fait-il que le mot ait connu une telle fortune alors que précisément les intéressés ne l'utilisaient pas et que l'Inquisition ne l'ait jamais employé pour les désigner ? En fait, jusque vers le milieu du siècle dernier, on utilisait un mot à connotation régionale, à savoir « albigeois » (d'où l'expression « croisade des albigeois »). Ce serait Charles Schmidt qui en 1849 aurait utilisé l'expression « cathares albigeois ».

Reste à rechercher le sens initial du mot « cathare » ; l'opinion commune fait référence à la langue grecque avec le sens de « Purs » (on voit bien quelle contamination dénominative a pu se produire avec le mot « Parfait » de manière tout à fait erronée). Cette étymologie n'a aucune base ; il en est une autre, admise par certains spécialistes, rejetée par d'autres. Cette fois ce serait la langue allemande qui fournirait l'explication ; au Moyen Age, dans la région du Rhin le chat était l'une des incarnations du Diable ; en moyen haut-allemand « chat » se disait « Katte » ; de même le mot « hérétique » ou « Katzer » en allemand proviendrait de « Ketter » ; le tout à partir des mêmes racines. Au Moyen Age, on aurait donc qualifié de cathares (hérétiques) ceux qui avaient pour habitude d'embrasser le derrière d'un chat pour honorer Satan.

Quoi qu'il en soit, le mot « cathare », sans contenu réel, s'est imposé à l'usage et nous l'utiliserons au cours de ce livre.

🔲 **Abbaye de Fontcaude**

(XIIᵉ siècle), Hérault.

LE PARFAIT

Ce mot est d'origine inquisitoriale et n'a jamais été employé par les cathares ; il provient des mots latins *hereticus perfectus* qui signifient « hérétique achevé, complet » et n'a pas la connotation positive que le mot « parfait » a maintenant dans la langue française ; aux yeux des inquisiteurs, il s'agissait du type le plus accompli de l'hérétique, c'est-à-dire en fait des prêtres ou prédicateurs (pour utiliser un terme que les intéressés n'ont jamais employé), ceux qui répandirent la parole cathare et qui de ce fait étaient recherchés et pourchassés.

La religion cathare admettait l'égalité de la femme et de l'homme pour l'exercice de la prédication et l'accomplissement des rites.

■ LE MIRACLE DU FEU
Compte tenu de sa date
(début du XVᵉ siècle),
ce tableau de Fra Angelico
(*Le Miracle du feu*) ne peut
constituer un document
vraiment authentique de la
période cathare (les costumes
en particulier sont ceux du XVᵉ
siècle et non du XIIIᵉ) mais il
se réfère expressément à un
épisode (imaginaire) de la
controverse théologique entre
catholiques et cathares (donc
avant la période où seules
parlèrent les armes) :
un ouvrage offert par saint
Dominique aux catholiques
albigeois résiste à l'épreuve du
feu en présence
de « parfaits » cathares.
Musée du Louvre, © Photo RMN, H. Lewandowski.
Ce document est également
reproduit en partie p. 20.

le rôle de la religion chrétienne, catholique, étaient tels que tout ce qui s'était passé lors de la croisade des albigeois apparaissait en quelque sorte « normal ».

Puis ce fut, avec l'émergence de la tolérance, l'évocation de ces martyrs de la liberté de conscience ; sans vouloir effectuer des rapprochements trop faciles, on doit noter que l'épopée des camisards se situe dans une région pas si éloignée de l'Albigeois.

Un mouvement d'appréciation en sens inverse s'est produit avec l'école républicaine du XIXᵉ siècle et dans la première moitié du XXᵉ : les cathares apparaissent comme des perturbateurs de l'unité nationale par leur coloration régionale (la langue d'oc…)

En revanche, depuis le retour en force des idées régionalistes, on a parfois tendance à tomber dans un excès inverse ; on confond alors occitanisme et catharisme en réduisant le premier au second et inversement. Les cathares ont-ils eu vraiment conscience de défendre une culture, une civilisation opposée à celle des « Français » du Nord ? Les documents disponibles ne permettent pas d'étayer cette thèse de manière trop simplificatrice.

Mais cela conduit à aborder une troisième question : l'affaire cathare est-elle religieuse *ou* politique ? En fait, elle est à la fois religieuse *et* politique parce que, comme on le verra, l'imbrication des facteurs religieux et politiques résultait nécessairement de la nature de la civilisation médiévale de ces XIIᵉ et XIIIᵉ siècles. Si la résolution du problème cathare a bien abouti à l'absorption de tout un ensemble géographique occitan par le royaume de France, on ne peut pas dire que cet objectif ait figuré de manière profonde et continue dans la pensée de ceux qui allaient intervenir de l'extérieur ; les démêlés du roi de France et de la papauté sont à cet égard significatifs. Mais, il est vrai, les rois de France ont su profiter de la situation dans la dernière phase de la croisade.

Pour clore ces quelques remarques générales et préalables, il nous faut même rapidement évoquer, pour ne plus y revenir, certaines dérives d'interprétation.

La première, assez innocente mais tout à fait fausse, concerne le Graal. En 1183, Chrétien de Troyes entame la rédaction de *Perceval le Gallois* à la demande de Philippe d'Alsace, comte de Flandre, qui a nettement pris parti pour l'Église contre les cathares ; les thèmes qui y sont développés sont à l'extrême opposé des thèses cathares puisqu'on y évoque, entre autres, la Trinité, la Passion rédemptrice, le mariage, l'Incarnation, etc. Malgré cela, certains ont voulu voir dans la croisade antialbigeoise une opération destinée à ravir aux cathares leur trésor qui serait le Saint Graal (c'est-à-dire, selon la légende, le plat qui avait servi à la dernière Cène du Christ et le vase contenant du sang versé par le Christ lorsqu'il était en croix).

Tout aussi illusoire est le rapprochement forcené que certains ont fait entre la religion cathare et certains traits de la religion hindouiste (certains vont même jusqu'à une filiation directe). Il convient d'être très mesuré et prudent en la matière ; le goût de l'exotisme et du lointain indéfinissable ne peut s'accorder avec l'analyse réfléchie et méthodique de ce que nous savons des cathares. Or rien n'autorise une telle comparaison aussi réductrice.

Il en est de même, et de manière beaucoup plus dangereuse, pour les efforts de

QUELS TEXTES DE L'ÉPOQUE NOUS INFORMENT SUR L'HISTOIRE DES CATHARES ?

*Le texte le plus important (mais qu'il convient de lire avec beaucoup de prudence car il est extrêmement favorable à la croisade) est l'*Historia Albigensis *de Pierre des Vaux-de-Cernay ; en tant que compagnon et ami de Simon de Montfort, l'auteur fournit beaucoup de détails sur le comportement de celui-ci et les réactions des croisés.*

Guillaume de Puylaurens était le chapelain du comte de Toulouse, Raymond VII ; il a laissé une Chronique *où l'on peut trouver des informations sur les deux camps.*

La Chanson de la Croisade des Albigeois *est l'œuvre de Guillaume de Tudèle (localité de Navarre). Ce texte se compose en fait de deux parties distinctes : d'une part, celle écrite directement par Guillaume qui est venu de Navarre à Montauban très probablement en 1199 et s'est trouvé en contact avec de nombreux acteurs ou témoins de l'affaire cathare. La seconde partie comporte un caractère poétique encore plus marqué que la première ; on n'en connaît pas l'auteur qui est probablement toulousain.*

Ces trois textes permettent de comprendre l'atmosphère générale, le déroulement de nombreux épisodes mais il ne faut pas s'attendre à y trouver une présentation historique au sens scientifique, moderne de ce mot.

Carcassonne : les travaux de restauration, parfois abusifs, qui ont eu lieu au XIXᵉ siècle, permettent au visiteur d'aujourd'hui de se faire une idée de ce que pouvait être cette cité lors de la campagne des croisés.

certains pour ramener la religion cathare à une pratique du culte du soleil et même à des rites tels que les enseignent certaines sectes.

Revenons aux faits. Dans la seconde moitié du XIIᵉ siècle, se développe dans la zone délimitée par les villes de Toulouse, Albi, Carcassonne et Foix un mouvement religieux que la hiérarchie catholique et la papauté qualifient d'hérétique ; ce mouvement vient après d'autres mais cette fois-ci le phénomène apparaît aux yeux de l'ordre religieux établi comme particulièrement dangereux car il met en cause la puissance temporelle de l'Église et se développe en dehors du cadre fondamental qu'est le système féodal. Tout se terminera cinquante ans plus tard après un bain de sang et avec l'intégration de la région au royaume de France.

Ce résumé sec et apparemment simple dissimule en fait un certain nombre d'interrogations auxquelles il n'est pas possible de

donner une réponse pour toute la période et pour tous les événements qui sont intervenus : quelle était la réelle implantation des idées cathares, en particulier quel rôle a joué la petite noblesse rurale ? Le comte de Toulouse a-t-il voulu jouer un rôle politique ou bien a-t-il toujours été débordé par les événements ? A quel moment le roi de France a-t-il décidé de tirer politiquement profit de la situation ? La papauté a-t-elle voulu seulement extirper une hérésie ou bien a-t-elle voulu en plus affirmer sa conception théocratique du monde ?

Ajoutons enfin que l'emploi du mot « hérésie » dans le présent texte n'implique en rien un jugement de valeur sur le caractère déviant ou non de la doctrine cathare par rapport à la doctrine chrétienne ; il est utilisé par simple commodité, tout comme le terme de cathare.

LE CADRE
ET LES ACTEURS

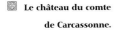
Paysage des Corbères.
Page de gauche.

Dès que le mot « cathare » est prononcé, c'est le nom du château de Montségur qui vient immédiatement à l'esprit mais la prise de ce dernier (ou presque) bastion de la religion cathare ne constitue que l'épisode ultime d'un processus commencé bien auparavant.

LE RÉGIME FÉODAL

On ne peut comprendre le déroulement des événements qui ont abouti à la tragédie cathare si on ne connaît pas les mécanismes principaux de ce qui constitue l'élément fondamental de la société des XIIe et XIIIe siècles, à savoir le régime féodal.

De quoi s'agit-il ? Il s'agit du cadre à l'intérieur duquel s'inscrivent les relations entre les diverses couches de la société et plus précisément des règles qui régissent les rapports entre les seigneurs. C'est au moment où éclate la crise cathare que ce système social a connu son apogée, sa période « classique ».

Le système féodal correspond à un ensemble d'institutions qui définissent des obligations de service et d'obéissance d'un « vassal » envers un « seigneur » et de protection et d'entretien du « suzerain » envers le « vassal ».

Après la disparition de l'Empire romain et avec les invasions « barbares » (c'est-à-dire du fait de peuples ne parlant pas le latin), il s'est instauré dans ce qui sera plus tard la France une situation très instable et souvent anarchique. Ce que nous appelons l'État a quasiment disparu et la sécurité, en particu-

Le château du comte de Carcassonne.

LE CHÂTEAU FÉODAL

C'est aux alentours de l'an mille que les châteaux féodaux ont commencé à être construits en maçonnerie ; auparavant la forme générale était celle d'une motte avec une levée de terre et du bois ; la motte de terre était entourée d'un fossé et surmontée d'une tour ou donjon, à la fois résidence et poste de surveillance, de forme le plus souvent rectangulaire ; autour du donjon, une basse-cour avec palissade et fossé.

L'emploi d'une véritable maçonnerie avec pierres permit de renforcer considérablement la protection ; le donjon devient un élément massif et carré. A l'époque de la croisade des albigeois, pour tenir compte des nouvelles machines de guerre (catapultes), la forme du château évolue : multiplication de tours autres que les donjons, étude des angles des meurtrières, passage de la forme rectangulaire des bâtiments à la forme circulaire, doublement des enceintes de protection, construction de talus pour éviter le travail de sape, etc.

En conséquence, les attaques militaires des croisés contre les châteaux cathares représentaient des opérations longues et coûteuses puisque l'emploi de machines parfois complexes avec un personnel qualifié nécessitait des sommes importantes et l'élaboration d'un plan.

Classiquement, l'attaque d'un château se faisait par la progression grâce à des galeries couvertes (« chattes ») ou grâce à des tours roulantes ou encore par le creusement de galeries souterraines (mais ne pas oublier que l'usage de la poudre n'existe pas encore).

lier, n'est plus assurée. De manière tout à fait naturelle, la pratique de la clientèle, avec ce que l'on qualifierait maintenant de milices privées, s'est développée ; de plus en plus d'hommes libres (c'est-à-dire qui n'étaient ni esclaves ni serfs) se sont mis au service et sous la protection d'autres hommes libres plus puissants. Par ailleurs, afin d'assurer l'entretien, la vie courante de celui qui avait obtenu la protection d'un grand, ce dernier lui concédait une terre de manière précaire, c'est-à-dire pour la durée de sa dépendance vis-à-vis du grand.

Ces deux éléments se sont rapprochés au point de devenir indissolubles à l'époque de Charlemagne : la vassalité (c'est-à-dire l'état de dépendance vis-à-vis d'un grand) et le bénéfice (c'est-à-dire l'octroi au dépendant d'une terre pour assurer son entretien et disposer des moyens destinés à lui permettre d'apporter une aide au grand) se sont conjugués.

A l'époque des cathares, le système est entièrement généralisé en France ; il a été exporté en Angleterre par la conquête normande et dans le Proche-Orient par les croisés. Pratiquement tous les hommes libres ayant des habitudes militaires combattant à cheval et ayant une terre sont engagés dans les liens de la vassalité avec les devoirs et obligations qui seront expliqués plus loin ; cela veut dire que la résolution du problème cathare a eu à tenir compte et plus exactement à utiliser les mécanismes du système féodal.

Ce système peut être comparé à une pyramide avec des liens de dépendance entre

Le trébuchet était un élément essentiel de la guerre de siège, avant que n'intervienne l'usage de la poudre avec le canon.

Musée de la guerre au Moyen Âge, château de Castelnaud (Dordogne). Photos Jean-Pierre Bouchard.

LES DROITS DU SEIGNEUR

La seigneurie et la paroisse constituent les deux unités de base de la vie quotidienne au Moyen Age ; il peut y avoir coïncidence géographique entre elles, mais une seigneurie peut s'étendre sur plusieurs paroisses (cas fréquent) et, cas plus rare, une paroisse peut dépendre de deux seigneuries. Pour se rendre compte de ce que représentait pour un seigneur la perte de ses droits par déchéance (ce qui s'est produit très souvent à travers les aléas de la croisade des albigeois), il est nécessaire de les connaître.

Les droits du seigneur sont de deux ordres : foncier (sur le sol) et banal (sur les gens).

Le sol de la seigneurie se compose de la réserve, que le seigneur exploite en gestion directe, et des tenures, qui sont des exploitations que le seigneur a concédées à des paysans (tenanciers) ; les paysans doivent au seigneur des prestations sous forme de corvées (labour, récoltes), qui sont du travail forcé sur le territoire de la réserve.

Le droit dit banal correspond au pouvoir de lever un impôt ou taille, juger, punir, ordonner (par exemple quand peuvent commencer les récoltes ou les vendanges).

Bien entendu, le réseau imbriqué des liens vassaliques à l'intérieur du système féodal vient compliquer dans la réalité ce schéma général ; en effet, la même tenure peut dépendre d'un seul seigneur pour l'exploitation et de plusieurs pour le droit banal (par exemple du seigneur pour la justice, d'un autre pour la taille et d'un troisième pour l'usage d'un moulin).

Venir à bout par un siège d'une courtine et d'un chemin de ronde (ici, celles de Carcassonne) n'était pas une petite affaire.

Reconstitution de l'équipement d'un chevalier.

les divers niveaux de celle-ci : en bas, de petits vassaux n'ayant personne sous leur dépendance, puis un suzerain qui est lui-même en position de vassalité par rapport à un seigneur plus puissant. Mais la pyramide peut être très complexe : tel suzerain est le vassal d'un autre suzerain, etc. Il peut y avoir des situations croisées.

La base du contrat entre suzerain et vassal est donc constituée par une terre que le premier confie au second en usufruit, c'est-à-dire pour qu'il l'utilise tout en n'en étant pas propriétaire ; le suzerain accorde également sa protection au vassal en échange de l'assistance à la guerre, devant les tribunaux, en échange également de redevances diverses.

Les gens du Moyen Age n'ont pas le goût de l'abstraction : c'est pourquoi l'adhésion à un contrat se marque par des signes concrets ; dans le cas du contrat de vassalité, c'est l'hommage que sert le vassal au suzerain en étant à genoux devant celui-ci et en plaçant ses mains dans celles du seigneur qui les referme ; c'est ensuite un serment de fidélité et un baiser du suzerain au vassal.

Au cours de la tragédie cathare, les mécanismes du système féodal vont fonctionner : des seigneurs demandent à leurs vassaux une assistance militaire pour les accompagner dans la croisade contre les albigeois-cathares. Peu à peu, cette notion d'assistance militaire a été précisée ; elle ne peut porter que sur une période limitée : c'est l'ost (par exemple 40 jours de service consécutif ; au-delà, le suzerain doit verser une solde) ou s'exercer dans une région déterminée ; elle peut aussi être remplacée par un versement en nature (un cheval, une armure) ou en espèces.

Bien évidemment, la terre, base du contrat, a cessé d'être un usufruit, elle est devenue héréditaire mais cela n'empêche pas l'hommage et le serment. L'Eglise elle-même s'est intégrée au système féodal : tel seigneur est le suzerain de la terre affectée à une chapelle et pour laquelle un clerc lui rend hommage ; inversement, tel évêque avait en fief un domaine pour lequel un seigneur laïque lui rendait hommage.

Dans le droit féodal, la possibilité pour le suzerain de déclarer déchu un vassal parce qu'il n'a pas respecté son serment et de mettre son fief « en proie » existe. Généralisant cette possibilité, la papauté s'efforcera de faire déposséder les seigneurs qui protègent les hérétiques en les remplaçant par d'autres seigneurs qui s'attacheront à respecter les consignes de la papauté ; en agissant ainsi, la papauté passe en quelque sorte au-dessus du ou des suzerains normaux.

L'ÉGLISE

Demandons encore une fois un effort au lecteur pour bien comprendre la mentalité d'un homme (ou d'une femme) vivant en ce début du XIIIe siècle ; pour cette personne, la structure féodale de la société est un principe incontournable qui règle tous les actes de sa vie quotidienne : c'est le seigneur qui possède le moulin, qui fait payer un péage pour le passage d'un pont, qui préside le tribunal, qui siège en bonne place à l'église paroissiale.

L'Eglise, la religion occupent une place au moins égale dans sa vie quotidienne ; celle-ci est rythmée par les fêtes religieuses ; en dehors des annonces d'ordre proprement religieux faites par le curé lors des prêches, c'est lui qui assure la relation avec le monde

LA NOTION D'HÉRÉSIE ET SON ÉVOLUTION

De tout temps, il y a eu des hérétiques, c'est-à-dire considérés comme tels au nom d'une religion qui pose comme principe que toute déviation par rapport à ses principes fondamentaux risque de mettre en cause son unité. Mais jusqu'au XIe siècle, les hérésies au sein de la religion chrétienne ne concernaient pas de grands groupes humains et étaient le fait d'individualités. Il en va tout différemment à partir de l'an mille environ ; en 1022 le roi de France ordonne pour la première fois la mort par le feu mais sans aucune base juridique ; cette exécution à Orléans demeure exceptionnelle. En général, la peine légale était l'excommunication accompagnée du jeûne et de l'obligation de pèlerinage ; l'hérésie restait une affaire purement spirituelle.

Devant l'impossibilité de fait de faire reculer par cette seule mesure une hérésie aussi importante que celles des Cathares, qui se développait au XIIe siècle, le concile de Toulouse en 1112 exige que le pouvoir temporel apporte son soutien et en 1139 le deuxième concile de Latran rappelle que le pouvoir séculier a le devoir de persécuter les hérétiques : il doit y avoir coopération entre le pouvoir spirituel et le pouvoir temporel.

C'est le quatrième concile de Latran en 1215 qui marque une étape décisive dans le durcissement, au point qu'on a pu accuser Innocent III d'avoir en quelque sorte donné naissance à une « société de persécution ». En effet, l'hérésie devient un délit juridique que le pouvoir séculier doit réprimer en tant que tel, dès que le pouvoir spirituel lui a signalé les faits. Il s'agit de tout ramener à l'unité car la diversité est proche du mal et de la déviance grave ; bien plus, toute déviance est comprise comme essentielle, lourde. L'hérésie est conçue comme un élément qui perturbe l'ordre public.

On passe alors très vite à une situation particulièrement favorable à la répression : le pape Innocent III assimile hérésie et crime de lèse-majesté, ce qui entraîne la peine de mort automatiquement puisque le coupable, par sa foi hérétique, a porté atteinte à l'image de conformité aux lois divines qui doit régner.

Tout ce substratum juridique et idéologique allait permettre l'éclosion de l'Inquisition et la mise en œuvre de ses tribunaux à travers le Languedoc.

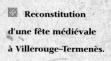
Reconstitution d'une fête médiévale à Villerouge–Termenès.

CE QUE L'EGLISE A ÉDICTÉ CONTRE LES CATHARES (TROISIÈME CONCILE DE LATRAN, 1179)

« Comme, en Gascogne, dans les environs d'Albi, de Toulouse et autres lieux, la folie des hérétiques s'est accrue de telle sorte qu'ils n'exercent plus seulement en secret leur malignité, mais la proclament ouvertement et pervertissent les gens simples et faibles, nous prononçons l'anathème contre eux et contre tous ceux qui adhéreront à leurs principes et les défendront ; nous défendons, sous peine d'anathème, de les loger, de faire commerce avec eux... Quiconque s'associera à ces hérétiques sera exclu de la communion et tous sont déliés des devoirs et de l'obéissance contractés envers lui... Tous les fidèles doivent s'opposer énergiquement à cette peste, et même prendre les armes contre eux. Les biens de ces gens seront confisqués et il sera permis aux princes de les réduire en esclavage. Quiconque, suivant le conseil des évêques, prendra les armes contre eux aura une remise de deux ans de pénitence et sera placé, tout comme un croisé, sous la protection de l'Eglise. »

Les textes postérieurs ne firent que reprendre ces dispositions.

Extrait de Zoé Oldenburg, LE BÛCHER DE MONTSÉGUR, Gallimard, 1959, p. 389

extérieur, qui fait part aux fidèles des grandes décisions de l'évêque ou du seigneur qu'il soit proche ou lointain, ou des informations d'ordre général qui sont venues jusqu'à lui ; de plus, il ne faut pas oublier que l'état civil est assuré par le curé.

C'est tout cet environnement qui est remis en cause par l'hérésie cathare. Mais où en sont certains des éléments de cet environnement, à savoir par exemple la papauté, la croisade, les ordres religieux, les moyens dont dispose l'Eglise pour lutter contre ces hérésies qui se sont multipliées depuis deux siècles ?

La papauté

L'acteur principal, essentiel, de l'affaire cathare a été la papauté ; cela s'explique aisément puisque le fond du problème est d'ordre religieux mais en cette fin du XXe siècle on a peine à se rendre compte du poids qu'avait à l'époque la papauté en matière politique.

Au moment décisif, c'est-à-dire lorsque le pape Innocent III décide de lancer une croisade contre l'hérésie cathare, ce poids est encore renforcé par deux éléments : d'une part, la papauté s'est dotée d'une doctrine justifiant à ses yeux toutes les interventions possibles dans la vie intérieure des Etats et d'autre part, Rome se trouve dans une situation politique générale exceptionnellement favorable.

Cette doctrine, c'est la théocratie en vertu de laquelle la papauté estime détenir la souveraineté dans les affaires temporelles ; il s'agit d'une doctrine politique qui fait appel au postulat selon lequel il est nécessaire de réaliser un type de gouvernement conforme à une vision du monde tenue pour idéale : toujours selon cette théorie, la papauté peut ne pas exercer directement l'autorité politique à condition que celui qui l'assume la reçoive de la papauté et soit contrôlée par

INNOCENT III

Ce pape a joué un rôle décisif dans l'affaire cathare puisque c'est lui qui a lancé la « croisade contre les albigeois ». Lothaire de Segni est né à Anagni (Italie) en 1160 ou 1161 dans une famille noble ; il fit ses études à Rome puis à Paris (théologie) et à Bologne (droit canonique). Chanoine de l'église Saint-Pierre de Rome (vers 1185) ; le pape Clément III (1187-1191), qui était son oncle maternel, le nomme cardinal en 1190 (à 30 ans) ; il est élu pape en 1198 et occupera la chaire de Saint-Pierre jusqu'en 1216 de manière très active et réfléchie, et ne cessera d'intervenir dans les affaires temporelles en tant que représentant intransigeant des thèses théocratiques qu'il incarne avec détermination.

elle. Bien entendu, la théocratie ne s'est pas constituée en une fois ; elle a mis plusieurs siècles à se préciser, à se fortifier. Le XIIIe siècle constitue son apogée à cause de la remarquable personnalité intellectuelle d'Innocent III et aussi parce que la gravité des événements politiques et religieux auxquels était confrontée la papauté lui impo-

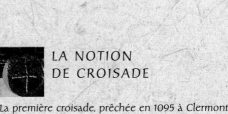

LA NOTION DE CROISADE

La première croisade, prêchée en 1095 à Clermont par le pape Urbain II, avait trois objectifs bien déterminés qui furent également ceux des croisades ultérieures : libérer Jérusalem afin de permettre aux pèlerins de visiter les Lieux saints ; délivrer les chrétiens d'Orient de la domination musulmane et repousser les Turcs qui assiégeaient Constantinople.

Les croisés portaient sur l'épaule droite une croix cousue (d'où le terme de « croisade ») ; leur voyage et leur séjour en Terre sainte étaient conçus comme un pèlerinage et les participants bénéficiaient d'une indulgence plénière et de la protection de l'Eglise sur leurs biens avec un moratoire pour le paiement des dettes. Tous ces éléments furent repris pour les croisades ultérieures.

Celle dite « des albigeois » (c'est-à-dire les cathares) correspondait à une autre conception : il s'agit de partir en guerre contre des populations qui ne sont pas des « infidèles » en attaquant l'hérésie à sa base, c'est-à-dire en s'en prenant aux cadres locaux laïques ou religieux, en les destituant et en les remplaçant par des catholiques fidèles à la papauté (ce qui met la croisade en contradiction avec le droit féodal en utilisant une procédure d'expropriation-usurpation).

rables au Saint-Siège qui pourra de manière plus facile exercer une pression sur les Etats pour régler par la force le problème cathare. Pourquoi ? Parce que le pape Innocent III a su, par le jeu des circonstances, tirer profit de la situation d'arbitre. En 1197, l'empereur d'Allemagne, Henri VI, meurt en laissant un très jeune fils Frédéric (né en 1196) dont la mère est la dernière héritière du royaume fondé par les Normands en Sicile. Deux candidats se présentent à la succession de l'empereur : son frère Philippe de Souabe et Otton de Brunswick, qui tous deux demandèrent l'appui du pape. Mais en définitive, celui-ci soutint le jeune Frédéric qu'il fit couronner et qu'il put ainsi traiter comme son protégé (la situation évoluera beaucoup par la suite mais cela ne se situe plus à l'époque du lancement de la croisade contre les cathares).

Vis-à-vis de l'Angleterre, la papauté réussit également à imposer son jeu, après un conflit qui avait pour origine un désaccord sur la désignation de l'archevêque de Canterbury. Le roi Jean sans Terre fut en quelque sorte déposé par le pape (1213) et le roi de France, Philippe Auguste, invité à

sait de réagir fortement et de manière conséquente.

En ce début du XIIIe siècle, il se trouve que les conditions politiques sont très favo-

« saisir » le royaume d'Angleterre ; Jean sans Terre capitula pour garder son trône et se reconnut vassal du pape. Ainsi le pape avait-il mis en avant et menacé d'appliquer une nouvelle règle du droit féodal, à savoir qu'il était possible de remplacer un suzerain indigne par un autre ayant un comportement que Rome considérait comme plus valable.

Le pape se plaçait ainsi au centre du système féodal et multiplia les actes destinés à placer sous sa souveraineté le plus possible d'Etats catholiques en utilisant une coutume née au XIe siècle, d'après laquelle le pape était le suzerain naturel de tous les pays gagnés récemment à la foi catholique. Mais l'essentiel (et c'est ce qui sera appliqué au comte de Toulouse, suzerain du pays cathare) est que pour la papauté la fidélité n'est plus due à celui qui n'est pas fidèle à la foi catholique ; seule réserve faite à ce principe : le pape déclare reconnaître (mais en fait…) les droits en la matière du seigneur principal, c'est-à-dire du suzerain du seigneur concerné.

Pour mener à bien son action, qu'elle soit d'ordre strictement religieux ou qu'elle ait des implications politiques, la papauté dispose d'armes religieuses qu'elle utilisera dans la lutte contre les cathares mais qui, se révélant à l'usage inefficaces, conduiront au recours à la croisade armée. Ces deux armes sont l'excommunication et l'interdit.

L'excommunication peut être employée à tous les niveaux de la hiérarchie catholique qui, au Moyen Age, ne s'en prive pas ; il s'agit d'une sentence et on peut donc faire appel à la hiérarchie supérieure ; elle consiste à priver l'intéressé de vie religieuse (l'entrée de l'église et l'usage des sacrements lui sont refusés). La réconciliation publique consiste pour le condamné à venir pieds nus devant l'église confesser sa faute et promettre les réparations demandées. Elle mettait un terme à une situation où l'excommunié faisait figure

d'être maudit, fui par sa famille et ses proches, rejeté hors de toute vie sociale.

L'interdit a des effets beaucoup plus graves car, édicté par le pape contre un seigneur, il arrête toute vie religieuse dans le territoire considéré ; les églises sont fermées, les cloches se taisent, les sacrements (sauf le baptême) ne sont plus administrés : ainsi les enterrements se font sans service religieux.

Ordres religieux et cathares

On verra plus loin, lorsque sera examiné le cours des événements, que l'Eglise, en l'occurrence le pape lui-même, ne pourra se fier au seul clergé local pour lutter contre l'hérésie cathare ; il s'appuiera sur deux ordres religieux dont l'un prendra du reste son essor au moment où l'action contre les cathares s'amplifiera : il s'agit de l'ordre des Dominicains, mais avant la création de celui-ci, c'est l'ordre de Cîteaux, fondé en 1098 et auquel appartint au XIIe siècle saint Bernard ; cet ordre connut une expansion rapide et se fera connaître comme un défenseur intransigeant des principes d'action de la papauté et un pourfendeur de tous ceux qu'il estime être des déviants par rapport à la foi la plus orthodoxe. Ce n'est pas du côté des Cisterciens engagés dans la lutte contre les cathares qu'il fallait s'attendre à des possibilités de compromis ou de compréhension.

Quant à l'ordre des Dominicains, il est directement impliqué dans la création et le fonctionnement de la « Sainte Inquisition », donc intimement lié à la répression de l'hérésie cathare.

LES CISTERCIENS ET LA LUTTE CONTRE LES CATHARES

L'ordre de Cîteaux a été sollicité dans la lutte contre les cathares de deux manières.

Tout d'abord pour la prédication. Cet ordre a été créé en 1098 et connaît une croissance très rapide : 350 monastères en 1153 et 495 en 1195. Le travail de prédication qui est demandé dans la seconde moitié du XIIe siècle aux moines cisterciens ne leur convient guère car ils ont été formés à la méditation et à la prière. C'est un échec.

En revanche et de manière étonnante si on songe à cette vocation de prière, le travail de légat pontifical et de meneur d'hommes a été plus efficace par rapport aux objectifs du pape. L'ordre de Cîteaux va ainsi jouer un rôle essentiel dans la conduite de la croisade des albigeois jusqu'à la mort de Simon de Montfort (1218) ; le retrait fut ensuite progressif et assez complet pendant la chevauchée royale (1224-1229). A cela s'ajoute l'activité des évêques d'origine cistercienne : Guy, abbé des Vaux-de-Cernay (évêque de Carcassonne) et Foulque (évêque de Toulouse).

L'abbaye de Fontfroide située dans l'Aude (au sud de Narbonne) et qui a conservé son église du XIIe siècle et son cloître du XIIIe a joué un rôle important dans la lutte contre les cathares ; son abbé Foulques (sans doute un ancien troubadour devenu moine) devint évêque de Toulouse et fut un adversaire acharné des cathares qu'il poursuivit sans pitié ni concession. C'est de cette abbaye que partit de Toulouse Pierre de Castelnau en qualité de légat du pape en 1203.

 LE MIRACLE DU FEU

Voir p. 7.

LES DOMINICAINS ET LA LUTTE CONTRE LES CATHARES

Durant le XIIIe siècle, de nouveaux ordres religieux se sont développés : les ordres dits « mendiants » parce que leurs membres ont décidé de trouver leurs moyens de subsistance par la quête plutôt que par la perception de la dîme ou de revenus féodaux. Parmi ces ordres, les Dominicains qui ont joué un rôle essentiel dans la lutte contre les cathares et ce de deux manières.

Tout d'abord par la prédication à l'instar de leur fondateur, saint Dominique ; leur succès a pour origine le fait qu'ils ont utilisé des méthodes de prédication proches de celle des cathares : simplicité, langage direct, mode de vie pauvre.

Ensuite et surtout par leur place dans les tribunaux de l'Inquisition, au point qu'ordre des Dominicains et Inquisition sont souvent identifiés les uns à l'autre.

Le beffroi (ici, celui de Millau dans l'Avignon) était le symbole de l'autonomie urbaine, face au système féodal.

LES COMTES DE TOULOUSE [1]

Raymond IV (1088-1105).
Alphonse Jourdain (1105-1148).
Raymond V (1148-1194) épouse Constance, fille de Louis VII roi de France.
Raymond VI (1194-1222) épouse successivement :
— Ermensinde de Pelet (décédée en 1176) ;
— Béatrice de Béziers, sœur du vicomte de Béziers et Carcassonne (répudiée en 1193) ;
— Bourguigne, fille du roi de Chypre (répudiée en 1196) ;
— Jeanne d'Angleterre, fille de Henri II et d'Aliénor d'Aquitaine, sœur de Jean sans Terre et de Richard Cœur de Lion (décédée en 1199) ;
— Eléonore, sœur de Pierre II d'Aragon.
Raymond VII (1222-1248) né du quatrième mariage.

1. Les dates sont celles de leur règne.

LES DONNÉES POLITIQUES

Nous avons vu plus haut que la tragédie cathare ne peut être réduite à son seul aspect religieux, car de puissants intérêts matériels – les mécanismes du système féodal, le développement de la théorie théocratique et les moyens dont dispose la papauté – font que toute intervention armée pour résoudre le problème de l'hérésie grandissante dans cet ensemble particulier qu'est le Languedoc par rapport à son environnement aura nécessairement des effets sur les structures politiques de cette région et des Etats (encore faut-il utiliser avec précaution ce dernier terme lorsqu'on se situe au XIIIe siècle) voisins.

Trois acteurs politiques sont en cause dans l'affaire cathare : le comté de Toulouse bien entendu, mais aussi le puissant voisin du Sud, c'est-à-dire le royaume d'Aragon, et la grande nation en train de se constituer, le royaume de France, qui n'a cessé de se développer au-delà de son noyau central qui est l'Ile-de-France.

Le comté de Toulouse

Puisque le comte et le comté de Toulouse sont au cœur des événements qui scandent le déroulement de la tragédie cathare, il est nécessaire d'analyser leur situation et de rappeler quelle puissance ils représentaient.

De manière schématique, on peut dire qu'il s'agit d'un vassal puissant du roi de France sur les terres duquel s'est développée une culture originale différente de celle que connaissaient à la même époque les « Français » du Nord ; la langue, l'économie, la manière de vivre, le système de références juridiques (le droit romain écrit), tout cela fait de l'Occitanie, du Languedoc, un monde qui n'est pas celui du berceau du royaume de France.

C'est par le biais des liens féodaux que l'on peut le mieux, semble-t-il, comprendre la complexité des facteurs qui pèseront sur le déroulement des événements. L'énoncé des titres est à lui seul révélateur : le comte de Toulouse est aussi duc de Narbonne et marquis de Provence ; cela, et d'autres titres plus mineurs, le rend vassal à la fois du roi de France, du roi d'Angleterre et du roi d'Aragon ; il l'est même, par une curiosité historique et féodale, de l'empereur d'Allemagne : Arles fait toujours théoriquement partie du domaine impérial germanique, vestige d'un royaume qui a disparu. De plus, ce qui se produisait souvent dans le système féodal, la famille des comtes de Toulouse est liée par des mariages aux maisons royales de France, d'Angleterre et d'Aragon.

Sur le plan géographique, l'autorité (féodale, ce qui en restreint la portée) du comte de Toulouse s'étend sur l'Agenais, le Quercy, le Rouergue, l'Albigeois, le Comminges, le Carcassès et le comté de Foix.

Autorité féodale, venons-nous d'écrire : en effet, pour comprendre certains des aspects, et non des moindres, de l'affaire cathare, il faut garder à l'esprit le caractère parfois émietté de l'autorité féodale.

Par rapport à ses suzerains, le comte de Toulouse dispose d'une autonomie importante due pour l'essentiel à l'éloignement géographique ; c'est surtout le cas envers le roi d'Angleterre et même envers le roi de France ; la situation est plus complexe pour ce qui concerne le roi d'Aragon car

LES DOMAINES DU COMTÉ DE TOULOUSE

Le comté de Toulouse représentait, au moment où se déclenche la croisade contre les cathares, une très importante puissance territoriale, même si parfois la nature complexe des liens féodaux rendait les liens de dépendance des vassaux assez souples.

Quels étaient ces domaines ? D'est en ouest, le marquisat de Provence, le Vivarais, la baronnie de Montpellier, le Gévaudan, le Rouergue, la vicomté de Béziers et de Carcassonne, le duché de Narbonne, le comté de Foix, la vicomté de Couserans, le comté de Comminges, le Quercy et l'Agenais, la région de Toulouse bien entendu.

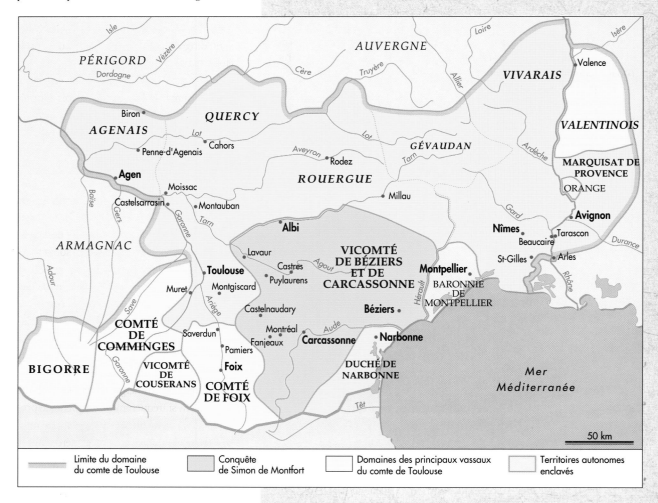

des vassaux du comte de Toulouse le sont également du roi d'Aragon qui, par ailleurs, détient directement Montpellier et Millau.

Vis-à-vis de ses vassaux, le comte de Toulouse est parfois en position inconfor-

LES DOMAINES DU COMTE DE TOULOUSE ET DE SES PRINCIPAUX VASSAUX

Les délimitations sont nécessairement approximatives, compte tenu du caractère très complexe et enchevêtré des relations féodales

Détail de la salle voûtée dite des Troubadours du château de Puivert (voir illustration de la page 61 en haut).

table ; ainsi la famille de Trencavel (à Béziers) détient le Carcassès, l'Albigeois et a des liens de vassalité à l'égard du roi d'Aragon. Par ailleurs, les comtes de Foix n'ont jamais admis l'autorité des comtes de Toulouse.

Dans ce système féodal occitanien, le clergé occupe une place, toute sa place serait-on tenté de dire, car la confusion entre le temporel et le spirituel est l'un des facteurs qui ont permis le succès de l'hérésie cathare, d'autant que les évêques ne tiennent qu'un compte modéré des instructions et observations de la papauté. A côté des mécanismes du système féodal, le comté de Toulouse dispose, par rapport au royaume de France proprement dit, de structures urbaines qui vont jouer un rôle important dans l'histoire cathare.

LA LANGUE D'OC

Etymologiquement, « oc » signifie « oui », d'où l'expression LINGUA OCCITANIA, c'est-à-dire « pays où on dit oc pour oui ». Il semble que cette expression ait été employée de manière régulière à partir de la fin du XIIIe siècle dans les foires de Champagne, par opposition à la langue d'oil (« oui ») pour le nord et le centre du royaume de France.

Les deux langues proviennent du latin mais avec des apports différents compte tenu des invasions dites barbares. Avec le rattachement au royaume de France, la langue d'oc a reculé au profit de la langue d'oil pratiquée par l'administration royale. A l'époque de la croisade des albigeois, les différences entre les deux langues étaient très sensibles.

HOMME JOUANT DE LA FLÛTE ET ENFANT JONGLANT AVEC DES BALLES
Exemple de ces jeux pratiqués dans les cours féodales du pays d'oc .
Bibliothèque nationale, Paris, Ms. lat 1118, f° 111.

A la différence de la « France », le droit romain n'a pas disparu ; ses principes, et même une grande part de ses dispositions pratiques, sont demeurés vivaces et constituent les bases de la juridiction ; les villes sont dirigées par des capitouls ou consuls élus par les nobles et les bourgeois de la cité : il y a égalité de droit et de fait, en milieu urbain, entre le noble et le bourgeois. Or précisément au XIIIe siècle, au moment où se déroule la tragédie cathare, ces villes connaissent une grande prospérité fondée sur le commerce, les échanges avec le monde extérieur, ce qui favorise la diffusion des idées nouvelles. Les communes, riches des profits tirés du commerce, en ont profité souvent pour racheter aux nobles désargentés les droits qu'ils détenaient (souvent, le départ pour la croisade a provoqué un brutal appauvrissement de la petite noblesse). C'est ainsi que le si puissant comte de Toulouse ne dispose dans sa propre ville que d'une autorité limitée et très souvent remise en cause par les organismes autour desquels s'organise la vie communale : nous verrons que le manque d'énergie envers les cathares qui lui sera si fréquemment reproché ne provient pas seulement de son indécision ou de sa sympathie cachée envers les hérétiques.

L'existence d'une langue particulière, l'occitan, la langue d'oc (la langue d'oil étant celle du Nord), le goût pour les thèmes chantés par les troubadours constituaient aussi un facteur, disons de complicité, de l'ensemble d'une région face aux interventions de forces étrangères, par exemple d'origine pontificale.

Le royaume d'Aragon

L'Aragon est un des acteurs du problème cathare et à certains moments il a joué un rôle important dans la mesure où son intervention directe dans les événements pouvait faire basculer les résultats dans un sens (en faveur du comte de Toulouse) ou dans l'autre (en faveur des croisés anticathares). Il n'est donc pas inutile de présenter en quelques mots succincts ce royaume.

Jusqu'en 1164, l'Aragon n'est qu'un petit royaume au-delà des Pyrénées ; c'est sa fusion avec le comté de Barcelone qui va lui donner une taille lui permettant d'intervenir sur le plan international.

Fusion est un mot trop fort car il s'agit d'un ensemble politique complexe à l'intérieur duquel les diverses composantes conservent leur autonomie ; c'est le fait de relever d'un seul souverain qui assure l'homogénéité. En tout cas, à partir de la réunion avec le comté de Barcelone, une forte et durable expansion géographique va débuter.

Par rapport à la région qui nous intéresse, c'est-à-dire pour celle qui s'étend de Toulouse aux Pyrénées, une véritable « inversion » historique va se produire ; jusque vers 1150, les rois de France avaient réussi à maintenir le principe d'une certaine autorité, à base féodale, sur la Catalogne ; celle-ci avait fait partie du domaine de Charlemagne comme marche frontière.

La montée en puissance de l'Aragon-Catalogne va susciter l'idée d'un Etat qui irait de l'Ebre à la Provence avec comme frontière septentrionale la Garonne ; cet Etat aurait pu disposer d'une certaine unité linguistique (langue d'oc), culturelle et juridique (droit romain) ; peu avant 1100, le Béarn et la Bigorre passent dans la mouvance aragonaise ; en 1170, le Béarn se reconnaît vassal de l'Aragon dont le roi, Alphonse II, hérite à la même époque de droits féodaux qui appartiennent au comte de Barcelone : comté de Provence,

🔲 **Paysage des Pyrénées ariégoises, vers Usson.**

Roussillon. Deux mariages de comtes de Barcelone assurent par ailleurs au frère du roi d'Aragon une autorité féodale sur Carcassonne, Narbonne ainsi que sur la Cerdagne.

On comprend aisément que cette expansion ait inquiété les comtes de Toulouse qui ont recherché des alliances ; l'Aragon fait de même et conclut en 1158 un accord avec Henri II Plantagenêt, qui est à la fois roi d'Angleterre et seigneur de l'Aquitaine ; aux termes de cet accord, une armée anglo-catalane envahit le comté de Toulouse. Appelé à l'aide, le roi de France fait arrêter cette armée et sauve ainsi le comte de Toulouse.

Lorsque la guerre contre les cathares se déclenchera, les ambitions de l'Aragon n'auront pas changé, comme on le verra. Mais les modalités pratiques de la politique aragonaise auront évolué. En 1204, Raymond VI de Toulouse épouse une sœur de Pierre II d'Aragon et signe avec celui-ci un traité d'alliance complète avec les seules réserves tenant au droit féodal : ne pas intervenir contre le roi de Castille pour Pierre II, contre le roi de France, le roi d'Angleterre et l'empereur pour Raymond VI.

PIERRE II D'ARAGON LE CATHOLIQUE (VERS 1177-1213)

Il devient roi d'Aragon en 1196 à la mort de son père, Alphonse II ; c'est lui qui arrêtera l'offensive des Almohades en Espagne et entamera le début de la Reconquista d'où son surnom, dû en particulier à la victoire de Las Navas de Tolosa en 1212.

Libertin, dépensier et amateur de la littérature des troubadours, il fut à la fois un remarquable combattant et un très fin politique. Cela le conduira à agir en même temps avec une grande fermeté à l'égard des hérétiques (édit de Gérone en 1198 qui reprend des dispositions déjà édictées par son père en 1194) et à s'opposer par la force à l'intervention armée de l'Église.

Mais sa grande idée politique a été de réaliser de manière définitive l'expansion aragonaise au nord des Pyrénées ; cela le conduira à la bataille de Muret où il trouvera la mort.

◼ SAINT LOUIS

Saint Louis .
Manuscrit de 1785,
collection personnelle de l'auteur.

◼ LOUIS VIII

Illustration extraite de « Portraits des rois de France depuis Pharamond jusqu'à Louis le Grand 14ᵉ du nom ».
Manuscrit de 1692,
collection personnelle de l'auteur.

La position du roi de France

Si l'on songe à la l'issue de l'affaire cathare qui fut le rattachement complet du comté du Toulouse à la Couronne française, on peut être tenté de présupposer une politique délibérée des rois français en la matière. Mais ce serait une vision simpliste et que dément l'observation du cours des événements.

De 1180 à 1270, trois rois se sont succédé sur le trône : Philippe II dit Auguste (parce que né en août) régna de 1180 à 1223, puis son fils Louis VIII (1223-1226) et enfin Louis IX dit Saint Louis (1226-1270).

Philippe Auguste éluda à plusieurs reprises les demandes insistantes de la papauté de provoquer et de conduire une croisade contre les « albigeois » ; cela s'explique non par la moindre sympathie à l'égard des hérétiques mais par le fait que sa préoccupation essentielle était de lutter contre les Plantagenêts (c'est-à-dire la dynastie qui se trouvait sur le trône d'Angleterre avec Richard Cœur de Lion et Jean sans Terre) pour récupérer des fiefs français ; ses relations personnelles avec la papauté n'étaient pas des meilleures puisqu'il avait été excommunié et le royaume de France interdit en raison de la répudiation par lui de sa femme Isambour de Danemark, qu'il finit par reprendre en 1213. Cela n'empêchait pas du reste le pape de proposer explicitement à Philippe Auguste, dans une lettre de 1204, de rattacher l'Occitanie à la France…

En revanche, son fils Louis VIII participe à la première croisade contre les cathares et à la seconde ; Saint Louis veilla à ce que le rattachement à la couronne de France se fasse progressivement à partir de 1250 environ, avant qu'il ne devienne définitif en 1271 (à la mort d'Adolphe de Poitiers, frère de Saint Louis et époux de la fille unique du dernier comte de Toulouse) sous le règne de Philippe III dit le Hardi, fils de Saint Louis à qui il succéda en 1270 et qui mourut en 1285 à Perpignan au retour d'une campagne contre le roi d'Aragon.

gla eui. gla q̄si uni genit a
atre · Plenū gracie ⁊ ueritatis.
Johs testimoñu p̄ibet deipo · e
t clamabat dicens· hic est q̄m
dixi· q̄post me uēturus est· a
teme fact⁹ est· q̄ por me rat
erat· Et d̄s plenitudine eius n
os omn̄ accep̄ puū gram p̄ gla · q̄a
lex per moisen data est· gra e
ueritas p̄ ih̄m xp̄m facta est·

D̄s em
uēgit
dn̄aui
du· ed
nar u
or· ede
nar la
p̄ds na
uī de

ca ḡsia p̄receps u̇uiī · erdo · e
penedēsia · dt̄uī li nu̇i pecar li
ḡlauem tut udis· nip̄esat m
obrat ol nie nauenut er ti ua

Adorem deu ema
lumie pecat· et
utas greui ofensioi
dauir ol p̄aure edk̄i
z̄· etzit· edk̄i onorai
agelu· edk̄i onorat· z̄
Pla oz̄o· explase· expla
tuit udiīers ḡlosseī
sk̄i bouauitati ouri̇i
dels siei enauuo est
uos· z̄· seuho q̄nos p̄e
cā nos p̄ecim budiem
Dar mouit so
cat ell q̄li nor
cadia · puuir eperd
la · zeobin ereḡ cossi
lotat eener uolota
la nr̄a uolotar· laq̄il
aperta les malignī
las carir que uester
te parcite nobis·
Diu ai cula sā
d̄du uor conl

LA RELIGION CATHARE

RITUEL CATHARE
Cette première page d'un rituel cathare est très émouvante car il ne nous reste que très peu de chose des documents cathares authentiques.
Bibliothèque municipale de Lyon, Ms. P. A 36, f.256, photo Didier Nicole.

Le comte de Foix dont on voit ici le château dans son état actuel représentait à l'époque cathare une puissance économique et féodale importante entre le comte de Toulouse et le roi d'Aragon.

Décrire même succinctement le contenu de la religion cathare doit se faire avec un esprit de grande humilité car les difficultés à surmonter sont très nombreuses.

Première question : sur quoi peut-on s'appuyer pour décrire cette religion ? Nous ne disposons en effet d'aucun document global ; les sources sont peu nombreuses et pour certaines d'une fidélité douteuse. Certes, il existe des chroniques décrivant tel ou tel aspect de la parole ou de la pratique cathares mais il faut tenir compte du fait que les auteurs desdites chroniques ne sont pas toujours des spectateurs de première main ou bien sont ouvertement hostiles à la pensée cathare. La source la plus importante est constituée par la masse des procès-verbaux des interrogatoires menés par les inquisiteurs : si on peut négliger l'objection soulevée par certains puristes pour lesquels les éléments de foi et les rites décrits par les victimes de ces interrogatoires (souvent menés dans des conditions où la spontanéité des propos risquait fort de disparaître) décrivent une situation correspondant à un catharisme « dégénéré » parce que relativement tardif, on doit cependant garder présente à l'esprit l'idée que de tels procès-verbaux d'interrogatoires ne facilitent pas une compréhension synthétique des choses.

Reste la troisième source à priori plus fiable mais qui demeure fragmentaire. Il s'agit des rituels cathares dont certains nous sont parvenus ; comme leur nom l'indique, ce ne sont pas des exposés synthétiques de la foi ou des catéchismes avec questions et réponses ; leur contenu porte sur la manière de pratiquer ; il existait à l'époque un très grand nombre de ces petits manuels pratiques mais bien entendu la quasi-totalité de ceux-ci ont disparu, brûlés par les inquisiteurs.

Notons à ce propos une particularité des prédicateurs cathares qui explique en grande partie leur succès ; devançant très largement la position de Luther en la matière, ces prédicateurs utilisaient la langue « vulgaire », c'est-à-dire l'occitan, langue comprise de tous alors que la prédication catholique se faisait en latin, langue incompréhensible par la quasi-totalité de la population.

Sur les trois rituels cathares qui ont résisté aux flammes et au temps, deux sont écrits en occitan et un en latin. Le plus étonnant est une prière (un Notre-Père) en occitan qui est originaire du comté de Foix et dont on pense qu'elle remonte au XIIIe siècle ; elle a été retrouvée en 1950 et publiée en 1967.

Face au volume limité des matériaux disponibles, deux questions viennent immédiatement à l'esprit. La première est celle de savoir s'il y a vraiment eu une doctrine complète et homogène et en quoi consistait l'« église » cathare, si tant est qu'il y en ait eu une.

Certes, on n'est pas en face de corps constitués avec des couvents et des églises paroissiales, mais il est prouvé qu'il existait bien une certaine hiérarchie ; à la base, les croyants, c'est-à-dire ceux qui sont rattachés par le rite du *melioramentum* (voir plus loin) ; le croyant ne fait pas encore partie de l'église mais il a promis de le faire avant la mort ; il est déjà lié par le secret ; la hiérarchie religieuse proprement dite était constituée par les novices, les diacres. Au-dessus, se trouvait l'évêque car il est bien prouvé qu'il y eut des évêques cathares. On sait toujours très peu de choses sur leur rôle ; le seul document certain (car, encore, ce qui a été déclaré à ce sujet par les personnes interrogées par les inquisiteurs doit être lu avec circonspection) est constitué par les actes d'un concile cathare qui s'est tenu en 1167 à Saint-Félix-de-Lauragais (en Haute-Garonne actuelle) ; à cette date, il existait un évêque cathare à Albi ; devant le développement de la foi cathare dans la région, il fut décidé de diviser cet évêché en créant trois autres évêques à Toulouse, Agen et Carcassonne.

Ce qui est intéressant (et qui ouvre la voie à une seconde question), c'est qu'à ce concile étaient présents des cathares en provenance de l'étranger, en particulier celui qui apparaît dans les actes comme le détenteur de l'autorité, à savoir l'évêque cathare de Constantinople.

LE NOTRE-PÈRE CATHARE
(TRADUCTION DE L'OCCITAN EN FRANÇAIS)

Cette prière était prononcée en langue d'oc chaque soir par une paysanne ariégeoise décédée en 1947 qui ne connaissait pas le Notre-Père catholique ; la transmission à travers les siècles avait eu lieu oralement et secrètement.

« Père saint, Juste Dieu des Bons Esprits, toi qui ne te trompas jamais, qui jamais ne mentis, qui jamais n'erras, qui jamais ne doutas afin que nous ne mourrions pas dans le monde du Dieu étranger (le Malin) puisque nous ne sommes pas de son monde et qu'il n'est pas des nôtres, apprends-nous à connaître ce que tu connais et à aimer ce que tu aimes.

Les Pharisiens tentateurs se tiennent à la porte du Royaume et empêchent d'y entrer ceux qui voudraient le faire alors qu'eux-mêmes ne veulent pas y venir.

Voilà pourquoi je prie le Père saint des Bons Esprits. Il a le pouvoir de sauver les âmes et, grâce aux Bons Esprits, celui de faire germer et fleurir. Pourtant, au milieu des bons, il donne également vie aux méchants. Il agira ainsi tant qu'il y aura des bonnes âmes en ce monde, jusqu'à ce qu'il n'y ait plus un seul (de ses petits) des siens sur terre. Les siens, ce sont ceux, originaires des sept royaumes, qui sont tombés du Paradis, autrefois, quand Lucifer les attira en leur affirmant que Dieu les trompait car il ne leur autorisait que le BIEN. Le Diable, infiniment faux, leur promettait le BIEN et le MAL. Il leur assura qu'il leur donnerait des femmes à aimer, qu'ils pourraient commander, que certains seraient rois, comtes ou empereurs, qu'avec un oiseau ils pourraient en capturer un autre, avec une bête en saisir une autre.

Tous ceux qui obéiraient au Diable descendraient en bas et pourraient, à leur guise, faire le MAL et le BIEN, comme Dieu au ciel ; il ajouta qu'il valait mieux être en bas où ils pourraient choisir entre MAL et BIEN tandis qu'au ciel Dieu ne les autorisait qu'à faire le BIEN.

Ainsi, certains montèrent sur un ciel de verre et s'élevèrent au firmament, d'autres tombèrent et trouvèrent la mort.

Alors Dieu descendit du ciel avec douze apôtres et il enfanta – s'enfanta en – Sainte Marie. (Pour venir sauver ceux qui sont bons - Bons Chrétiens). »

Extrait des RITUELS CATHARES par Michel Gardère, La Table ronde, 1996, p. 89-91.

Sculptures du portail de l'abbaye de Moissac (piédroit de gauche) : la Luxure et l'Avarice sont surmontées des scènes de la mort du mauvais riche et des tourments des damnés.

Photo Éric Cattin.

celui des cathares mais qui ne s'identifie pas à lui.

Les bogomiles ont étendu leur influence à partir de la Macédoine au Péloponnèse, à la Turquie actuelle et en Bosnie où leurs principes sont devenus religion d'Etat vers 1180. Tout cela a été submergé par l'invasion ottomane à partir du XIVe et du XVe siècle.

Ces remarques étant faites, que peut-on dire d'à peu près certain sur la doctrine et les rites cathares ? Puisque le catharisme s'est affirmé au sein d'une société qui était profondément chrétienne, catholique, le mieux est d'essayer de comprendre comment cette doctrine et ces rites se différenciaient, s'opposaient à la foi généralement répandue en Languedoc.

La doctrine chrétienne est fondamentalement monothéiste avec la conception d'un seul Dieu tout-puissant et profondément bon. Mais dès le début, deux questions essentielles se sont posées à ce propos, suscitant à travers les siècles des réponses contrastées avec une véhémence qui émerge à intervalles réguliers :

– si Dieu est tout-puissant, comment l'homme peut-il assurer son salut ? A-t-il ou non la possibilité d'un libre arbitre ? Tout est-il déterminé dès sa naissance ou bien peut-il agir ? Et dans ce cas, n'y a-t-il pas une limite à la toute-puissance de Dieu ?

– le Bien et le Mal coexistent dans la réalité quotidienne ; comment se fait-il que Dieu si bon et tout-puissant autorise le Mal ?

C'est la réflexion sur cette dernière question qui est à l'origine du catharisme, le protestantisme et le jansénisme puisant leurs racines dans une tentative de réponse à la première question.

Pour les cathares, aucun doute ne peut subsister : l'existence du Mal dans le monde quotidien a pour origine le fait qu'il n'existe pas un seul Dieu mais deux, l'un Bon, l'autre Mauvais. C'est ce que l'on qualifie de Dualisme. Le combat entre Dieu et Lucifer aurait ainsi conduit à l'existence parallèle de deux Dieux. Quels sont ces deux Dieux ?

Que peut-on donc dire des origines et des relations avec l'étranger du catharisme ? Beaucoup a été écrit sur ce sujet ; on a par exemple recherché une filiation avec des doctrines hindouistes, le culte du soleil, etc. Ce qui est certain (et la présence en 1167 dans le Languedoc d'un évêque cathare de Constantinople le prouve), c'est que s'est développé à partir du Xe siècle dans les Balkans et plus particulièrement en Macédoine, terre relevant de l'Empire byzantin avec le moine Bogomil, un corps de doctrine qui s'apparente à

Le Dieu Bon règne sur les cieux et a créé les esprits ; le Dieu Mauvais règne sur la terre et a créé les choses visibles dont les êtres humains sous leur forme charnelle, tandis que les âmes des êtres humains étant des esprits ont été créées par le Dieu Bon ; lors de la Création, le nombre des âmes a été fixé avec possibilité pour chaque âme de connaître neuf corps ; à la dernière incarnation (la neuvième), ou bien l'issue sera celle d'un bon chrétien avec passage au Paradis, ou bien chute en Enfer. La métempsycose ferait donc partie de la doctrine cathare.

Ce dernier point n'est pas absolument clair dans la doctrine cathare car certains prédicateurs rejetaient l'idée même d'un Enfer éternel ; pour eux, l'Enfer, c'était la vie terrestre. Ce qui compte, c'est que l'âme est une créature céleste, émanation du Dieu Bon, parcelle de substance divine et elle a été emprisonnée dans un corps de chair qui est une invention diabolique. Dans cette fin du XXe siècle, profondément déchristianisée, où la notion du religieux, au sens chrétien, catholique du terme a beaucoup perdu de son sens et de son poids, on a peine à imaginer quelles perturbations profondes cette doctrine, que l'on vient de résumer en sa nature essentielle, pouvait provoquer dans le monde médiéval.

Pour bien comprendre le caractère explosif, en quelque sorte, de la doctrine cathare, tentons de dresser un bilan, même sommaire, de ce qui était rejeté.

Sur le plan religieux, la doctrine cathare rejette tout ce qui concerne le rachat du Mal par l'envoi du Christ sur la terre ; est rejetée également toute la pratique des sacrements dont la communion ; de même pour l'adoration de la Croix puisque la venue du Christ n'est qu'illusion et tromperie, et que le corps du Christ a été créé par le Diable (Dieu mauvais). Le clergé chrétien pratiquait envers ses ouailles une catéchèse de la peur fondée sur l'idée que faute de pardon l'Enfer était au bout de la vie ; le cathare, lui, est certain de trouver (ou plutôt de retrouver) le monde lumineux du Bon après sa mort à la seule condition qu'il adhère à la foi cathare.

La simplicité (par rapport au dogme chrétien) de la doctrine cathare se retrouve au niveau des rites. Ceux-ci sont connus à la fois par les rituels dont il a été mention et par les déclarations devant les inquisiteurs.

Ces stèles sont considérées comme contemporaines de la période cathare mais aucun lien n'a pu être établi avec la religion cathare (Les Cassès : nord-ouest de Castelnaudary).

Ci-dessous, à gauche : **Les Cassès.** Milieu et droite : **Montmaur.** Photos Jean-Pierre Bouchard.

Les cathares considéraient le baptême chrétien traditionnel, avec l'eau, comme étant sans valeur aucune ; ils lui substituent l'idée que deux processus différents sont possibles, à savoir le passage à l'état de « perfection » ou bien recevoir le baptême à l'heure ultime de la vie.

Les simples croyants, c'est-à-dire ceux qui n'ont pas encore reçu le *consolamentum*, pratiquent comme les Parfaits le rite du *melioramentum* (tel est le terme utilisé par les inquisiteurs et qui correspond à l'occitan *milhoirer*) ; c'est à la fois un témoignage de respect puisque le Parfait est porteur du Saint-Esprit et l'expression d'une demande : le croyant souhaite obtenir une bénédiction ; il comporte trois génuflexions (certains textes parlent même de prosternations) et il est suivi d'un baiser de paix (en particulier lorsque le croyant pratique pour la première fois ce rite) ; on comprend qu'à partir du moment où les pratiques des cathares étaient surveillées, on soit passé à une procédure plus discrète, par exemple une simple inclinaison de la tête.

Le *consolamentum* (« consolement » en occitan), c'est-à-dire la consolation, a une signification et une portée beaucoup plus grandes : c'est un véritable baptême permettant de passer à l'état de Parfait ; il peut être attribué, comme on vient de le signaler, dans deux circonstances différentes.

Premier cas : il s'agit pour un croyant d'accéder à l'état de Parfait donc, si l'on peut tenter cette comparaison, d'être ordonné prêtre. Le catharisme a connu la pratique du noviciat et il faut noter à ce propos une particularité qui contribue, avec d'autres, à faire de la religion cathare un système très novateur par rapport à la religion chrétienne : les femmes n'étaient pas exclues du noviciat préalable à la cérémonie dont la durée était variable (au moins un an). Pendant celui-ci, le ou la novice devait s'entraîner aux abstinences rituelles que nous examinerons plus loin et apprendre par cœur (sans avoir obli-

gation de savoir lire) certains textes, en particulier le premier chapitre de l'Evangile selon saint Jean. La cérémonie comprend une exhortation de l'officiant (qui est un « Parfait » confirmé) au croyant sur le thème du Notre-Père afin qu'il exprime le repentir de ses péchés et prononce des vœux ; l'officiant procède à un baptême par imposition des mains qui incarne l'arrivée dans l'âme du croyant du *consolamentum*.

Cette véritable « ordination » pouvait concerner aussi bien des femmes que des hommes ; lorsqu'il s'agissait de personnes mariées, l'autre membre du couple devait donner un accord ou mieux demander lui aussi l'octroi du *consolamentum*.

Cela se comprend bien dans la mesure où le Parfait (ou la Parfaite) devait dans sa vie quotidienne respecter abstinence et continence. Il doit s'abstenir de tout ce qui est gras sauf l'huile et le poisson, ce qui revient à interdire la viande, les œufs, le lait, les laitages et le fromage. Les explications de ces règles varient : les produits visés le seraient parce que résultant de la fornication des bêtes, alors que les poissons ne le seraient pas parce que générés par l'eau dans laquelle ils vivent ; le sang serait le canal par lequel la métempsycose s'opérait d'où le rejet des animaux sauf des poissons qui, selon les cathares, n'auraient pas de sang. Ici encore, le fait que les déclarations des cathares devant les inquisiteurs ne soient pas totalement fiables laisse planer l'incertitude. Il est à noter que le vin ne faisait pas l'objet d'un interdit.

En plus des règles d'abstinence, le Parfait doit observer trois carêmes de quarante jours chacun par an ; durant ces périodes, la première et la dernière semaine ainsi que tous les lundis, mercredis et vendredis, le jeûne renforcé était de rigueur (pain et eau).

D'une manière générale, la préparation des mets devait être l'objet de règles minutieuses destinées à éviter toute violation de l'abstinence : les Parfaits devaient vivre à deux, posséder leurs instruments de cuisson,

les laver cinq fois, etc. On imagine les difficultés rencontrées lorsque les Parfaits furent pourchassés par l'Inquisition.

Le rite du *consolamentum* est pratiqué à une autre occasion : avant la mort, de la part d'un Parfait sur un simple croyant ; celui-ci a attendu sa dernière heure pour recevoir le baptême, ce qui d'une part lui assure l'effacement de ses péchés et le salut et d'autre part lui permet de ne pas avoir à assumer les lourdes obligations du Parfait.

La procédure pratique combine d'une certaine manière le *melioramentum* et le *consolamentum* : le malade fait à genoux la promesse d'adhérer à la foi, fait un don (au besoin symbolique) à l'Eglise, déclare accepter la règle de l'abstinence et reçoit du Parfait la « consolation » avec imposition des mains.

A propos des conditions de vie des malades ou des mourants après la réception du *consolamentum*, un débat reste ouvert parmi les érudits ; il concerne la question de l'*endura*, c'est-à-dire la période pendant laquelle le malade reste sans nourriture en attendant la mort ; l'*endura* est le jeûne pénitentiel qu'a observé le Christ pendant quarante jours dans le désert.

Concrètement, on peut faire les remarques suivantes : il s'agit le plus souvent pour le malade de recevoir, in extremis, à l'approche du coma ou de la perte de conscience, un sacrement sommaire qui fait de lui un Parfait et lui assure son salut. Il peut arriver que la personne survive et dans ce cas elle doit mener une vie de Parfait.

Or, certains ont estimé, interprétant certains textes, que le consolé était nécessairement tenu au suicide par inanition et qu'il était au besoin aidé par son entourage. Mais aucun fait précis n'a pu être relevé par les inquisiteurs qui conforterait cette thèse.

Pour la compréhension du drame cathare, il nous faut maintenant nous interroger sur les conséquences de cette doctrine et de ses rites sur la vie sociale. D'une manière générale, en application de la croyance de

base, fondamentale, que le monde visible est dans son ensemble une mesure diabolique, la doctrine cathare aboutit à rejeter le système féodal, le paiement des impôts, la justice seigneuriale ou royale, etc. Mais il faut distinguer le cas du simple croyant de celui du Parfait ; celui-ci ne doit ni mentir ni jurer ; or, la prohibition du serment empêche le jeu habituel des règles féodales ; de plus, l'obligation de dire la vérité a eu des conséquences très graves lors des interrogatoires de Parfaits. Le refus absolu de tuer est également contraire au fonctionnement du système féodal ; il s'étend aux bêtes (susceptibles d'avoir reçu une âme céleste), ce qui permet de reconnaître les Parfaits ; il faut noter que cette interdiction ne s'applique pas aux animaux à sang froid (poissons, reptiles). Rejet également de la justice civile : c'est aux Parfaits de régler les problèmes qui en relèvent par un arbitrage amiable.

Le recensement détaillé des pratiques sociales en contradiction avec la société dans laquelle vivaient les cathares ne peut être fait ici, mais il faut, pour terminer cette rapide énumération, faire mention de l'obligation qu'a le Parfait d'assurer un travail manuel, ce qui constitue une différence essentielle avec le clergé chrétien : on ne doit manger que ce que l'on a gagné.

En définitive, la religion cathare était bien caractérisée par un ensemble homogène de principes doctrinaux et de rites ; la rupture avec le système féodal et les fondements de la vie religieuse chrétienne est grande au point qu'on peut se demander si l'extension du catharisme n'aurait pas conduit à une explosion sociale. Mais aucune révolte ne s'est produite car les cathares ont pensé qu'il était impossible d'agir sur le Mal, donc impossible de changer le monde et d'établir des lois sociales justes et bonnes. L'accord sur ce point entre cathares était bien réalisé alors que toutes les couches sociales étaient concernées par ce mouvement ; les procès-verbaux des interrogatoires sont très clairs sur ce point car on trouve des cathares dans la petite et moyenne noblesse, chez les marchands, les artisans, les notaires, les médecins, les paysans, etc., bref, dans toutes les couches sociales.

La violence n'a pas été le fait des cathares mais, comme on le verra, résulte de la volonté de Rome d'éradiquer ce mouvement en utilisant la force armée du monde féodal « français » venu du nord de la Loire.

▨ **Tête de saint Jean dont les textes authentiques ou apocryphes ont été souvent utilisés par les prédicateurs cathares. (abbaye de Moissac).**
Photo Éric Cattin.

LE DÉROULEMENT DES ÉVÉNEMENTS

Château de Quéribus : situé sur un des sommets des Hautes Corbières (au nord de Perpignan), ce château a été l'un des derniers refuges des cathares ; il « tomba » en 1255. Page de gauche.

On a coutume de dater de la chute du château de Montségur et du bûcher qui fit périr, vivants, par le feu, 210 personnes environ, la fin de ce que certains appellent « l'épopée cathare », c'est-à-dire 1243 ; en fait, ce serait plutôt 1321, année au cours de laquelle fut brûlé vif le dernier Parfait arrêté et identifié. Entre 1243 et 1321, se situe la chute du château de Quéribus, incontestable refuge cathare, en 1255.

Les débuts de l'implantation de l'hérésie cathare sont beaucoup plus incertains et même inconnus ; les documents permettent d'affirmer que le principe manichéen et le dualisme divin (Bien, Mal) se sont manifestés en Europe occidentale au début du XIᵉ siècle ; la relation avec le bogomilisme bulgare n'est pas attestée de manière certaine ; un bûcher aurait en 1022 à Toulouse été organisé pour l'exécution de dix chanoines proférant des idées proches de celles des cathares. On sait revanche que le deuxième concile de Toulouse en 1119 condamna une hérésie déjà répandue dans la région en des termes que reprit le deuxième concile de Latran en les appliquant aux seuls albigeois.

Le déroulement des événements s'articule en plusieurs périodes : à la fin du XIᵉ siècle et au début du XIIᵉ, c'est une prédication pacifique qui est entreprise, bien qu'un légat du pape ait dès 1180 réclamé une véritable croisade militaire ; l'assassinat d'un légat du pape en 1208 précipite les événements et ce sera, de 1209 à 1224, une première croisade suivie d'une seconde de 1226 à 1229 ; la liquidation quasi définitive du catharisme a lieu, on l'a déjà rappelé plus haut, en 1243 et 1255.

Château de Montségur vu du bas de la falaise.

LA SITUATION VERS LE DÉBUT DU XIIIe SIÈCLE

La diffusion des idées cathares

A partir de la seconde moitié du XIIe siècle, la forte progression des idées cathares met au premier plan des préoccupations de l'Eglise et surtout de la papauté le fait que les féodaux albigeois ne procèdent pas à la chasse aux hérétiques qui disposent d'un intense réseau de complicités ; en 1163, le concile de Tours constate que la prédication de saint Bernard en Languedoc vers 1145 n'a pas eu d'effets et parle d'« une damnable hérésie [...] gagnant peu à peu, à la manière d'un chancre, les contrées voisines (de Toulouse), la Gascogne et les autres provinces », qui « a déjà infecté un très grand nombre de personnes ». C'est un véritable constat d'échec que renforce encore le déroulement du débat contradictoire à Lombers (près d'Albi) en 1165 de prêtres catholiques et de « Bonshommes » (c'est-à-dire de prêtres cathares, ceux que l'Inquisition désignera plus tard du nom de « Parfaits », voir encadré) ; le débat fut houleux ; sur un certain nombre de points, les cathares soutinrent des points de vue très orthodoxes soit par dissimulation, soit parce que la doctrine cathare évolua par la suite. La rupture se fit à propos du refus par les cathares de prêter serment : l'ensemble des prélats présents condamna les Bonshommes pour hérésie, le refus de jurer leur foi chrétienne étant une preuve à leurs yeux.

Nouvelle montée en puissance des idées et de l'organisation cathares avec un véritable concile cathare tenu à Saint-Félix-de-Lauragais (entre Toulouse et Revel) en 1167. Il s'agissait là d'un véritable défi à l'Eglise catholique puisque l'assemblée était présidée par un évêque hérétique de Constantinople du nom de Nicétas. Notons à ce propos qu'un débat s'est créé à propos de la présence

de cet homme ; pour certains, le catharisme ne serait pas venu des Balkans vers la France : bien au contraire, il aurait été implanté dans les Balkans par des croisés francs ou originaires de la vallée du Rhin. La question demeure controversée. L'existence même de ce concile cathare, et par là l'authenticité des décisions qu'il prit, est également parfois contestée. Or, certaines de ces décisions sont d'une très grande signification puisque le document relatant ledit concile fait état de la création de trois évêchés (cathares) à Toulouse, Carcassonne et Agen.

Sceau de Raymond VI, comte de Toulouse.

Archives nationales, Paris.

La position des autorités civiles

Ce concile cathare (s'il a vraiment eu lieu) constituait une violation flagrante, provocatrice, d'une exigence formulée à plusieurs reprises par l'Eglise auprès des autorités civiles, c'est-à-dire les féodaux, en premier lieu le comte de Toulouse et ses grands vassaux, celle d'empêcher les réunions des hérétiques.

Vue de la plaine du Lauragais entre Toulouse et la Montagne noire.

LA SITUATION EN 1177 VUE PAR LE COMTE DE TOULOUSE

« Cette pestilentielle contagion de l'hérésie s'est tellement répandue [...] qu'elle a jeté la discorde chez ceux qui étaient unis, divisant hélas ! le mari et la femme, le père et le fils, la belle-mère et la bru. Même ceux qui sont revêtus du sacerdoce sont corrompus par son infection. Les antiques églises que jadis l'on respectait, sont abandonnées et tombent en ruine. On refuse le baptême, l'eucharistie est en exécration, la pénitence est méprisée, on nie obstinément la création de l'homme et la résurrection de la chair ; tous les sacrements de l'Eglise sont anéantis, et même – ô sacrilège ! – on prétend qu'il y a deux principes.

Quant à moi, qui suis armé de l'un des deux glaives divins, et qui confesse être établi à cette fin le vengeur de la colère divine et le ministre de Dieu, je cherche en vain les moyens de mettre un terme à un si grand mal. Je reconnais que les forces me manquent pour mener à bien une affaire si vaste et si difficile, parce que les plus nobles de ma terre sont déjà atteints par le mal de l'infidélité, entraînant avec eux une grande multitude de gens qui ont abandonné la foi. Si bien que je n'ose ni ne puis rien entreprendre.

J'implore donc avec humilité votre secours, vos conseils et vos prières pour extirper cette hérésie. Sachez en effet que son venin a si profondément pénétré qu'il ne peut être extirpé que par la main puissante de Dieu, et par son bras dressé. Et puisque nous savons que l'autorité du glaive spirituel ne peut rien faire pour détruire une telle perversion, il faut qu'elle soit attaquée par la rigueur du glaive matériel. C'est pourquoi j'engage le seigneur roi de France à venir de votre pays, persuadé que sa présence pourra contribuer à déraciner de si grands maux. Quand il sera là, je lui ouvrirai les villes, je livrerai villages et châteaux à sa discrétion, je lui montrerai les hérétiques, et partout où il en aura besoin, je le seconderai jusqu'à l'effusion de mon propre sang, pour exterminer tous les ennemis de Jésus-Christ. »

Extrait de la lettre qu'il adresse au chapitre général de l'ordre de Cîteaux publiée par M. Roquebert dans L'EPOPÉE CATHARE, tome II, Privat, 1995, p. 83-84.
Comme le remarque avec justesse M. Roquebert, le comte de Toulouse, sans en avoir l'intention, met ainsi en marche le mécanisme qui conduira à la croisade et aux massacres qui l'accompagneront.

Pourquoi cette passivité du comte de Toulouse ? L'explication est fournie par le contenu de la lettre extrêmement inquiète qu'adresse Raymond V au chapitre général de l'ordre de Cîteaux (dont avait fait partie saint Bernard) en septembre 1177.

Ce texte est particulièrement intéressant car il marque un tournant : le plus haut responsable civil de la région, le comte de Toulouse, met en cause la conversion à l'hérésie de certains de ses vassaux, l'inefficacité des mesures purement spirituelles (interdit, anathème, etc.) et surtout fait appel au roi de France, demande qui contient en germe la série de malheurs qui vont frapper le Languedoc lorsque se déclenchera la campagne militaire des croisés à partir de 1209.

Mais où en est l'action du clergé ?

L'impuissance du clergé local

Face à cette montée en puissance de la foi cathare, le clergé local se révèle impuissant et ce pour plusieurs raisons.

La première, et certainement la plus importante, est que le mode de prédication et le genre de vie des Parfaits cathares sont beaucoup plus efficaces que ceux des prêtres

catholiques ; la population, des plus humbles aux plus puissants, s'exprime dans la vie courante dans la même langue que les cathares ; l'obstacle de cette langue mystérieuse, réservée à de rares initiés, qu'est le latin n'existe pas. Sur le plan intellectuel, l'abondance et la répétition des textes étudiés par les synodes (réunion des prêtres d'un diocèse organisée par l'évêque) sur la néces-

☒ Abbaye de Lagrasse (Aude).

☒ Abbaye d'Alet (au sud de Carcassonne) : il s'y déroula en 1197 un événement plein de signification. Lorsque le vicomte Roger II de Trencavel (le plus important vassal du comte de Toulouse) décède en 1194, il a auparavant désigné comme tuteur de son fils âgé de neuf ans, Raymond-Roger, Bertrand de Saissac, un sympathisant cathare notoire ; celui-ci, la même année, fait serment à l'évêque de Béziers de chasser tous les hérétiques qui pouvaient se trouver sur les territoires relevant de lui ; et en 1197 Bertrand de Saissac intervient par la force dans l'élection de l'abbé d'Alet ; le chapitre de l'abbaye avait régulièrement choisi Bernard de Saint-Ferréol ; Bertrand fait chasser ce dernier par ses troupes, installe, au sens physique du mot, sur le siège abbatial le cadavre de l'ancien abbé décédé et sous la contrainte fait élire Boson (qui restera en place jusqu'en 1222, date de sa révocation par l'Eglise).

Photo Jean-Pierre Bouchard.

Le roi Saint Louis,
partant pour la septième
croisade s'arrêta à Vézelay et
rendit visite aux franciscains.
Nous savons, grâce à un
chroniqueur contemporain,
qu'il assista à leur psalmodie
et à un de leurs chapitres.
C'est la scène représentée
ici dans une aquarelle
de Maurice Denis.

In *Histoire de la nation française*, t. 6, par G. Goyau.

sité impérieuse d'élever le niveau d'instruction du clergé montrent bien d'une part qu'il s'agissait d'un problème grave et général et d'autre part que les décisions prises n'étaient pas appliquées puisqu'on les répétait sans cesse. L'évocation des principes du christianisme par les Parfaits trouvait plus d'écho que le recours aux règles énoncées par Rome.

Tous les témoignages et les études poursuivies sur ce sujet montrent que les membres du clergé de base, c'est-à-dire les curés et les vicaires, étaient peu nombreux à pouvoir enseigner à leurs ouailles les rudiments de la doctrine chrétienne traditionnelle ; la prédication était très peu répandue et exceptionnelle en langue vulgaire, bien que, conscients du danger que représentait la seule utilisation de textes en latin, les conciles (réunions des évêques organisées par le pape) et les synodes l'aient fortement recommandée. Tout cela explique le recours aux ordres prêcheurs (Franciscains et Dominicains).

L'intrusion des Frères prêcheurs dans la vie religieuse quotidienne ne se fait pas sans heurts et ce conflit entre prêtres et religieux ne favorisa pas évidemment la lutte contre les cathares ; l'origine des dissensions tient à la différence non seulement de méthode d'action mais aussi de genre de vie. Le qualificatif d'ordres « mendiants » permet de mieux cerner le problème car leurs membres voulaient vivre seulement de la générosité publique et ne pas recourir au système traditionnel.

Toute église paroissiale était considérée à la fois comme ayant une charge spirituelle et comme étant source de revenus. Des dîmes sont perçues au profit du clergé : une gerbe de céréales ou de légumineuses sur dix, onze ou douze gerbes selon les cas, était prélevée sur le champ même au moment de la récolte ; il en était de même, mais pas dans toutes les paroisses, sur le bétail nouveau-né ou déjà élevé. Pour des raisons évidentes de simplification, ces dîmes ont été progressivement, au cours du Moyen Age, souvent transformées en versements en espèces. Les refus de paiement (en nature ou en espèces) ou la fraude pouvaient entraîner l'excommunication.

A cela s'ajoutait la perception par le curé des « offrandes » au moment des grandes fêtes liturgiques et des cérémonies religieuses (baptêmes, mariages, enterrements). Certes, les synodes rappelaient que l'octroi des sacrements devait demeurer gratuit mais en fait il s'accompagnait obligatoirement d'une offrande au montant très variable selon les paroisses.

Il pouvait en résulter un sentiment de mécontentement de la part des paroissiens, d'autant plus aigu que la doctrine et le genre de vie des Parfaits se situaient à l'extrême opposé de ceux de l'Eglise catholique : très grande simplicité allant jusqu'à l'austérité, absence de tout « tarif » pour le seul sacrement admis (le *consolamentum*), rigueur des mœurs.

Ce dernier facteur ne peut être passé sous silence car, sans en exagérer la portée, il a joué un rôle dans les difficultés du clergé à enrayer la diffusion de la doctrine cathare. Si la papauté avait réussi en ce début du XIII

siècle à éliminer les cas des prêtres mariés (assez fréquents au siècle précédent), le fait que le concile de Latran (1215) fulmine encore contre les prêtres vivant en concubinage et que les rapports des évêques parlent souvent de prêtres « péchant avec leurs filles spirituelles », montre bien que le problème n'avait pas disparu. Ici encore, la comparaison avec le mode de vie prôné et pratiqué par les Parfaits donnait au catharisme un avantage certain.

La diffusion du catharisme dans la noblesse

L'impact des idées cathares ne s'est pas limité aux couches sociales pour lesquelles le mode de vie des Parfaits constituait un point d'attraction. Un fait, dont l'authenticité ne peut être mise en doute, est particulièrement éclai-

Le château de Foix.
Photo Jean-Pierre Bouchard.

rant à cet égard. Il s'agit de l'ordination comme Parfaite, par l'octroi du *consolamentum*, d'Esclarmonde de Foix ; la cérémonie, qui eut lieu en 1204, concernait non seulement cette sœur du comte de Foix (donc un grand vassal du comte de Toulouse) mais aussi trois autres femmes de la noblesse ; l'assistance aurait compté cinquante-sept personnes de la noblesse ainsi que des bourgeois.

Le cas n'est pas isolé et les documents attestent à la fois du nombre élevé de nobles ayant adhéré à la foi cathare et ayant accédé au rang de Parfaits, et de la place qu'ont occupée les femmes. Que l'on songe au caractère tout à fait novateur de cette religion qui ne faisait pas de la femme un être en quelque sorte inférieur, incapable d'accéder à une fonction de prêtrise ; cela allait parfaitement dans le sens de la culture occitane.

Première intervention extérieure

Comme on le voit, la situation pour l'Eglise catholique ne s'est guère améliorée depuis la lettre très inquiète du comte de Toulouse à l'ordre de Cîteaux en 1177 et il nous faut revenir légèrement en arrière pour tenir compte de la conséquence directe de cette lettre qui constituait un véritable appel au secours. Le roi de France est Louis VII et celui d'Angleterre, Henri II ; le second est vassal du premier mais la situation de fait est plus complexe car le mariage de Henri II avec Aliénor d'Aquitaine, que Louis VII avait répudiée, en fait de plus un seigneur beaucoup plus puissant que le roi de France, avec l'Angleterre et l'Aquitaine.

Les deux rois ne peuvent rester insensibles à l'appel du comte de Toulouse, d'autant qu'il leur parvient à un moment où par l'intermédiaire du légat du pape en France,

Pierre de Pavie, ils viennent de conclure un accord pour mettre un terme à un conflit résultant de cette discordance de puissance à l'intérieur du système féodal. Il leur faut intervenir à la fois parce que l'hérésie cathare peut toucher aussi les deux royaumes et parce que l'appel provient d'un de leurs vassaux et que, toujours d'après le droit féodal, le suzerain doit aide et protection à un vassal en difficulté. Après réflexion et en accord avec le pape, les deux rois décident finalement de constituer une délégation qui allait séjourner dans le comté de Toulouse de 1178 à 1181 et dont l'objectif était à la fois religieux (ramener à la foi les hérétiques) et un peu militaire (puisque le recours à la force dont disposaient les seigneurs locaux, en particulier le comte de Toulouse, était clairement envisagé).

Cette délégation comprend, sous l'autorité du légat Pierre de Pavie, plusieurs évêques et archevêques (Narbonne, Bourges, Poitiers et Bath, ville anglaise), ainsi que l'abbé de Clairvaux, Henri de Marsiac.

Dans le déroulement des événements, cette mission de trois ans a joué un rôle souvent mésestimé ; en histoire, les événements peuvent se produire de manière imprévue, aléatoire mais il existe aussi des séries de faits qui s'enclenchent ensemble à partir du moment où le cours des choses devient irréversible. C'est le cas de cette mission de Pierre de Pavie où, utilisant les ressources des menaces et de la délation, on réussit à mettre la main sur des cathares convaincus et prédicateurs ; les procédés et les procédures utilisés étaient déjà ceux auxquels aura recours la Sainte Inquisition qui sera, juridiquement parlant, créée plus tard.

Deux affaires traitées par cette mission sont significatives. La première concerne l'abjuration de Pierre Maurand, bourgeois habitant Toulouse et connu comme prédicateur cathare ; devant le légat, il nia être hérétique mais refusa, conformément à l'éthique cathare, de l'affirmer par serment, ce qui automatiquement, dans la conception médiévale du rôle du serment, le rendait particulièrement

suspect ; puis, interrogé plus précisément, il rejeta la thèse d'une présence du Christ dans le pain et le vin de l'Eucharistie. Enfin, il décida d'abjurer sa foi cathare, d'où une cérémonie d'expiation avec l'engagement de se rendre à Jérusalem et d'y séjourner quarante jours au service des pèlerins.

L'autre affaire concerne, à Castres, deux personnalités cathares de premier plan puisqu'il s'agit de l'évêque de Toulouse au concile cathare de 1177 et de son adjoint ; ils avaient été expulsés par le comte de Toulouse (ce qui prouve que celui-ci avait bien déjà agi contre les cathares) et souhaitent obtenir du légat la levée de cette mesure. Finalement, le

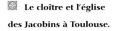

Le cloître et l'église des Jacobins à Toulouse.

Photos Hervé Boulé.

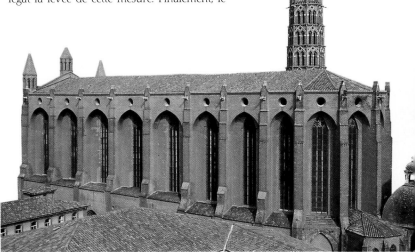

Fresques dans la chapelle Saint-Antonin de l'église des Jacobins à Toulouse.

Photo Hervé Boulé.

légat refuse ; munis toutefois d'un sauf-conduit, ils se rendent à Lavaur (dans le Tarn).

Cette première mission fut suivie d'une autre, confiée par le pape à un nouveau légat, Henri de Marsiac, abbé de Clairvaux, qu'il élève au rang de cardinal pour les services rendus durant la première mission. L'objectif est de mettre la main sur les deux chefs cathares qui s'étaient réfugiés à Lavaur ; cette agglomération est assiégée, les deux cathares, capturés et jugés malgré l'opposition de leur protecteur, le vicomte Roger II Trencavel, qui doit s'incliner. Les deux hérétiques sauveront leur tête et après avoir abjuré finiront leur vie comme chanoines : la répression n'avait pas encore atteint le degré de sauvagerie qu'elle connaîtra après 1209.

L'avènement du pape Innocent III et les débuts de son action dans la région

La situation évolua très sensiblement avec l'élection en 1198, à la mort de Célestin III, d'un nouveau pape, Innocent III. Celui-ci lance presque immédiatement après son élection un véritable appel aux armes contre les hérétiques mais entreprend en même temps une double démarche de mise au pas du clergé occitan et de prédication ; il faudra l'assassinat en 1208 de son légat, Pierre de Castelnau, pour que véritablement la seule issue concevable à ses yeux soit l'action armée, c'est-à-dire une véritable croisade.

Comme on l'a déjà noté, la plus grande difficulté que rencontraient le pape et l'Église catholique pour combattre l'hérésie cathare résidait dans l'état du haut clergé occitan. Tant que celui-ci, pour diverses raisons (mode de vie peu compatible avec les règles chrétiennes, manque de dynamisme, complicité tacite ou effective avec les hérétiques) n'interviendrait pas réellement dans la lutte, les idées cathares continueraient à progresser, y compris dans le bas clergé rural.

La région était organisée, sur le plan de la hiérarchie du clergé séculier (le clergé régulier étant celui des couvents et abbayes), en deux archevêchés (Narbonne et Auch) et de nombreux évêchés (Toulouse, Cahors, Albi, Tarbes, Agen, Lodève, Comminges, Béziers, Carcassonne, etc.). C'est l'archevêque de Narbonne qui donna le plus de fil à retordre au pape ; il fallut à ce dernier quatre ans (de 1203 à 1207) pour le démettre et pourtant les motifs ne manquaient pas : cumul de bénéfices, simonie (perception de sommes d'argent pour confirmer une élection dans un chapitre), absence de contrôle du diocèse (pas de visites épiscopales), etc. L'archevêque Berenger utilisa toutes les ressources de la procédure du droit canonique pour retarder l'échéance.

Furent également déposés par le légat du pape l'évêque de Carcassonne (en 1211),

◩ **Abbaye de Fontfroide.**
Photo Jean-Pierre Bouchard.

◩ **La ville de Béziers est un des hauts lieux du drame cathare puisqu'un terrible massacre y eut lieu le 27 juillet 1209 (voir page 50).**

celui de Vence, de Toulouse, de Valence (en 1211) ; furent contraints à la démission l'archevêque d'Auch (1211), l'évêque de Viviers (en 1201) et celui de Rodez (1211).

Tout ce travail disciplinaire s'accompagnait, par l'intermédiaire des légats, d'un travail de prédication dont les résultats n'étaient guère satisfaisants.

Une nouvelle étape, dans le sens de la fermeté, est marquée par la désignation à la fin de 1203 de deux légats, Pierre de Castelnau et Raoul de Fontfroide. Leur première action consiste à obtenir, en décembre 1203, un serment de fidélité au pape et à l'Eglise des consuls capitouls et des représentants de la population de Toulouse, afin de contourner en quelque sorte la passivité ou le manque de dynamisme du comte de Toulouse. Le serment fut en effet prêté mais avec une restriction expresse prévoyant le maintien et le respect des libertés communales (preuve que Toulouse possédait bien un statut particulier à l'intérieur du système féodal) ; de plus, le serment n'oblige pas la ville à pourchasser les hérétiques, en particulier en les expulsant.

L'arrivée d'Arnaud-Amaury et l'assassinat de Pierre de Castelnau (1204-1208)

De plus en plus désireux de régler le problème cathare, Innocent III décide en 1204 (année, notons-le au passage, au cours de laquelle les croisés de la quatrième croisade pillent Constantinople, cité chrétienne au secours de laquelle ils étaient censés se rendre !) de placer au-dessus des deux légats déjà en place un responsable suprême, Arnaud-Amaury, abbé de Cîteaux ; très vite, celui-ci se rend compte des difficultés de sa mission ; le pape, pour le soutenir, nomme évêque de Toulouse Folguet (ou Folgue ou encore Foulques) de Marseille, abbé de l'abbaye cistercienne du Thoronet, qui deviendra un pourchasseur fanatique des cathares.

Au même moment (1206) a lieu à Montpellier une rencontre qui va peser lourd sur le déroulement des événements ; un évêque espagnol et le sous-prieur de son chapitre, qui avaient pu constater lors d'un passage à Toulouse en 1203 quel était l'état de la situation, s'arrêtent au cours d'un nouveau voyage. Il s'agit de Diègue d'Acibès, évêque d'Osma, et du futur saint Dominique. Les deux Espagnols exposèrent aux légats une nouvelle méthode de prédication qui selon eux devrait se substituer à la méthode traditionnelle qui avait échoué : il fallait lutter avec les mêmes moyens que ceux employés par les cathares, à savoir aller vers les hérétiques en toute humilité, de la manière la plus simple possible. La proposition fut acceptée : les deux Espagnols et les légats (sauf Arnaud-Amaury qui devait assister au chapitre général de l'ordre de Cîteaux) entamèrent leur route à pied, mendiant leur nourriture, couchant à la belle étoile, par Béziers et Carcassonne. Le légat Pierre de Castelnau dut se retirer parce qu'il était en butte à l'hostilité de la population.

L'élan était donné puisqu'en 1206 Innocent III ordonnait la généralisation de cette nouvelle méthode de prêche. L'année suivante, les deux Espagnols fondent un couvent à Prouille pour y accueillir les jeunes filles qui abandonnaient la foi cathare. Recherchant le débat avec les Parfaits, ils organisent une réunion contradictoire qui durera deux semaines, à Montréal (1207) ; bien entendu, la réunion n'aboutit pas mais elle montre que les représentants du pape avaient repris l'initiative.

Une autre preuve de cette inversion de tendance réside dans l'excommunication que prononce, en 1207 également, Arnaud-Amaury à l'égard du comte Raymond VI avec en plus l'interdit sur ses terres. Aux yeux du légat et du pape, les motifs ne manquaient pas mais le plus important était l'absence de réaction du comte envers l'hérésie et en particulier son refus de prendre la tête d'une croisade armée qui aurait pris le nom d'une « ligue de paix » (curieuse appellation quand on songe à la suite).

Il s'agissait bien du prélude à la croisade car le pape, qui n'avait pas reçu de réponse de Philippe Auguste, s'adressa directement à ses grands vassaux (par exemple le duc de Bourgogne ou le comte de Champagne).

C'est alors que se produisit au début de 1208 l'événement irréparable à la suite duquel des flots de sang allaient couler : Pierre de Castelnau est assassiné près de Saint-Gilles (sur la rive droite du Rhône à la hauteur d'Arles).

Foulques (voir la légende de la photo, pages 18-19) était abbé de cette abbaye du Thoronet avant de jouer le rôle répressif qui fut le sien.

Photo Hervé Champollion.

LA PREMIÈRE CROISADE CONTRE LES CATHARES (1209-1213)

Les circonstances, les causes et les responsabilités de cet assassinat demeurent incertaines ; même la date est objet de controverses : 14 ou 15 janvier ou 14 ou 15 février 1208. Mais l'essentiel est que le légat Arnaud-Amaury allait utiliser l'occasion qui lui était donnée de mettre encore en cause le comte de Toulouse et le pape allait pouvoir lancer véritablement « sa » croisade.

Deux points restaient à éclaircir avant de déclencher l'invasion : neutraliser sur le plan local le comte de Toulouse, obtenir l'accord du roi de France.

La neutralisation du comte de Toulouse était facile à obtenir ; l'accusation de meurtre fut tout de suite portée contre lui ; rien ne permet d'étayer cette thèse ; le contre-argument le plus valable est que le comte n'avait aucun intérêt à une telle provocation envers le pape, toute son attitude antérieure ayant au contraire consisté à louvoyer. L'anathème est lancé contre lui mais l'essentiel est qu'il ne puisse agir contre la future et très proche

croisade ; pour ce faire, le pape et les légats (même s'il est possible de distinguer des nuances, et même plus que des nuances, entre la manière de procéder du pape et celle de ses légats) agissent en deux temps : après la condamnation, l'offre de rachat, c'est-à-dire concrètement une humiliation publique avec pénitence, et le serment de participer à la croisade. C'est ce qui fut fait en juin 1208 à Saint-Gilles (où se trouvait le tombeau du légat assassiné). La contrepartie de cette « prise de croix » était que Raymond VI plaçait automatiquement sa personne et ses biens sous la protection de la papauté.

L'autre problème, celui de l'accord du roi de France, était plus difficile à régler. Philippe Auguste n'avait cessé de faire valoir auprès du pape (auquel il ne répondait directement que très rarement) que lancer une croisade n'avait de sens que si la papauté s'engageait à protéger le royaume de France contre les attaques des Anglais et des Allemands (en l'occurrence un des deux prétendants au trône impérial). N'oublions pas que ce n'est qu'en 1214, avec la victoire de Bouvines, que Philippe Auguste éliminera le danger allemand alors qu'au même moment les Anglais étaient également refoulés.

Reconstitution d'une fête médiévale à Puivert.

Innocent III multiplia les démarches auprès du roi de France et de ses principaux vassaux mais Philippe Auguste ne céda en rien sur la ligne qu'il avait fixée ; certes, il autorisa ses vassaux à participer à la croisade mais il n'y participa pas lui-même (en 1216, son fils Louis, le futur Louis VIII, le fit) et surtout il rappelle au pape ses droits éminents en tant que suzerain du comte de Toulouse : le pape ne peut exproprier le comte s'il ne l'a pas auparavant condamné pour hérésie. En tout cas, la croisade se déroulera sans mandataire de la royauté française.

Le déroulement de cette croisade va se faire dans le cadre féodal, c'est-à-dire, rappelons-le, que les seigneurs y participent pour une durée de quarante jours (l'ost) de préférence en été (d'où des dégâts qui peuvent être considérables sur les récoltes) ; la troupe des nobles est accompagnée d'un nombre important de gens d'armes, domestiques, etc. Tout ce monde vit sur le pays, ce qui représente pour toute la population de la région ainsi envahie une charge très lourde à supporter, sans compter les sévices qu'entraîne nécessairement le passage d'une soldatesque d'autant plus portée aux excès qu'elle n'est pas payée, qu'elle ressent l'hostilité de ceux qu'elle est venue théoriquement libérer de l'hérésie et que – facteur à ne pas négliger – envahisseurs et envahis ne parlent pas la même langue puisque les croisés viennent d'Ile-de-France, de Champagne, de Bourgogne et d'autres lieux de langue d'oil.

Dans ces conditions, et si on y ajoute le fanatisme religieux dans les deux camps, il n'est pas étonnant que le récit de cette croisade se soit souvent confondu avec celui d'une chevauchée sanglante et totalement destructrice ; tous les documents disponibles mettent en évidence ce caractère d'anéantissement, même si les données chiffrées sont peu fiables par leur exagération par rapport à la réalité qui est fondamentalement atroce.

QUELQUES PARTICIPANTS À LA PREMIÈRE CROISADE

De grands prélats : archevêque de Sens, évêques de Nevers, Clermont, Autun.

De grands seigneurs : duc de Bourgogne, comte de Nevers, comte de Bar-sur-Seine, comte de Genevois, comte de Valentinois, comte de Saint-Pol.

Des seigneurs de rang plus modeste : Simon de Montfort, Guillaume des Roches, Gaucher de Joigny, etc.

Mais il ne faut pas oublier :

— que beaucoup des seigneurs qui participèrent à la croisade sont restés anonymes ;

— que chacun était accompagné de ses propres vassaux, d'archers ou d'arbalétriers et de gens d'armes ;

— que le système de l'ost entraînait un mouvement incessant d'arrivées et de départs.

LA PREMIÈRE CROISADE DES ALBIGEOIS (1209-1213)

Au nom du pape Innocent III et avec les pleins pouvoirs, son véritable chef, à la fois spirituel et militaire, fut Arnaud-Amaury, abbé de Cîteaux ; il dispose des pleins pouvoirs pour extirper l'hérésie et bénéficie de l'appui total de Simon de Montfort.

Avec l'autorisation du roi Philippe Auguste et sans que celui-ci y participe ou même ait désigné un mandataire, les vassaux du roi de France prennent part à cette croisade. L'essentiel de l'armée se rassemblera à Lyon, descendra la vallée du Rhône et débutera sa campagne à Valence.

Le problème du financement se pose d'une manière particulière, par rapport à d'autres croisades ; Philippe Auguste ne veut pas fournir de contribution à partir des ressources royales ; le pape demande aux prélats français d'exhorter la population à verser volontairement le dixième de ses revenus. De plus, afin que les croisés puissent financer leur voyage et leur équipement (chevaux, armures, etc.), le pape demande aux archevêques et au roi de contraindre les créanciers des futurs croisés à suspendre les demandes de remboursement et à faire remise des intérêts pour la durée de la croisade.

Scandée par le rythme des saisons favorables et de la durée de l'ost (40 jours), la première croisade connaîtra les phases suivantes sur le plan des opérations militaires :

— du 22 juillet à la fin octobre 1209 : de Béziers à Pamiers et Montréal ;

— de mars à novembre 1210 : entre Carcassonne et Castres ;

— été 1211 : autour de Lavaur, siège de Toulouse et soulèvements cathares près de Castelnaudary ;

— hiver 1211 : des sièges et des combats autour d'Albi ;

— printemps 1212 : nouvelle campagne de sièges tout autour d'Albi ;

— été et automne 1212 : encerclement progressif de Toulouse ;

Janvier 1213 : Innocent III décrète l'arrêt immédiat de la croisade.

COMMENT L'EGLISE A-T-ELLE JUSTIFIÉ LA CROISADE CONTRE LES CATHARES ?

Pour l'homme du XXe siècle, une intervention de la papauté pour organiser et diriger une intervention armée dans un pays chrétien est évidemment difficilement compréhensible ; il n'en est pas de même si on se place dans le cadre des mentalités du Moyen Age où la religion imprégnait tous les actes et toutes les pensées. Toute déviance apparaissait alors comme se situant en dehors de l'ordre normal.

Face aux hérésies et en particulier l'hérésie cathare, l'Eglise a eu d'abord une attitude strictement spirituelle ; les conciles de Reims (1049) et de Toulouse (1058) par exemple ont rappelé l'arsenal dont dispose l'Eglise non pas pour réprimer mais pour permettre au pécheur, à l'hérétique, de se racheter : excommunication, jeûne ou obligation de pèlerinage, voire la croisade en Terre sainte.

Mais le développement des idées théocratiques a fait apparaître l'idée que, puisque le pape peut agir en qualité de souverain représentant de Dieu sur terre, la position d'un hérétique est celle d'un sujet en rébellion ; le tribunal d'église (en général présidé par l'évêque du diocèse où vit l'hérétique) peut édicter des peines spirituelles mais il doit aussi agir en direction du tribunal laïc qui, lui, a pour vocation d'édicter des peines matérielles (flétrissure sur l'épaule par fer rouge, confiscation des biens, bannissement, etc.). L'Eglise a donc besoin d'un bras séculier, d'abord pour arrêter les hérétiques et ensuite pour les punir.

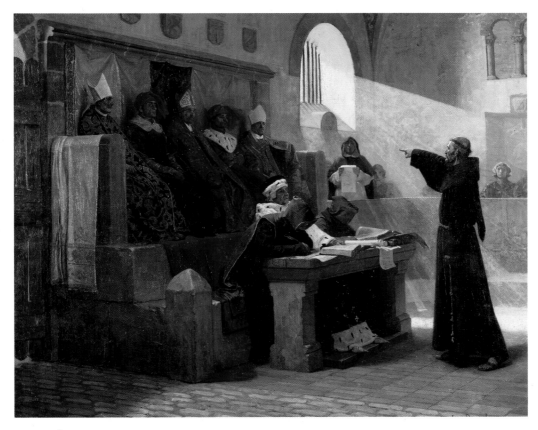

L'AGITATEUR DU LANGUEDOC

Ce tableau *L'agitateur du Languedoc* a été réalisé par Jean-Paul Laurens (1838-1921) qui consacra plusieurs toiles à la forte personnalité du moine franciscain Bernard Délicieux (né en 1260) qui s'opposa de manière virulente à l'Inquisition. En face du moine, au premier rang le grand inquisiteur entouré de deux collaborateurs et, au deuxième rang, surélévés, un cardinal et des évêques. Ce tableau, qui date de 1887, est très représentatif du renouveau d'intérêt que marqua la seconde moitié du XIXe siècle pour les hérétiques occitans. Toulouse, Musée des Augustins. © Giraudon.

La première campagne
(été-automne 1209)

Le but de la croisade était d'extirper l'hérésie, en passant (toujours le cadre féodal) par la soumission des seigneurs qui, en s'engageant à favoriser cette éradication, sauvegardaient leurs fiefs devenus intouchables : la protection de l'Eglise s'étendait à ceux qui devenaient des participants actifs de la croisade. Il fallait donc entreprendre une chevauchée à travers tous les fiefs.

Le gros de l'armée part donc de Lyon, traverse Valence, qui fut la première ville qui fit sa soumission ainsi que le seigneur proche de cette ville ; le Rhône est traversé à Beaucaire par cette armée de plusieurs dizaines de milliers de personnes (combattants et accompagnateurs).

Le début de la croisade se déroulait paisiblement puisque tout s'était bien passé à Valence. Il en fut de même à Montpellier (qui dépendait, en tant que fief, du roi d'Aragon Pierre II) que le pape voulait sauvegarder. L'armée allait entrer dans les territoires relevant de Trencavel, vicomte de Béziers, Carcassonne, Albi et Rayès ; celui-ci offrit au légat (en fait ceux-ci étaient au nombre de trois mais le véritable chef était bien Arnaud-Amaury) sa soumission qui fut refusée car la papauté estimait que les vassaux, acquis pour une large part à la cause cathare, ne tiendraient pas compte de cette soumission (qui aurait pour effet, rappelons-le à nouveau, de rendre inviolable l'ensemble des fiefs du vicomte).

Le refus du légat a été le point de cristallisation car le vicomte battit aussitôt le rappel de ses vassaux en vue d'une résistance armée.

Les croisés parvinrent devant Béziers le 21 juillet 1209 ; la manière dont les événements vont se dérouler est en quelque sorte

exemplaire. Le vicomte Trencavel, pour des raisons stratégiques, abandonna Béziers en se faisant accompagner de personnes (des Juifs, certains cathares) qu'il estima particulièrement menacées, pour regrouper ses forces vers Carcassonne.

Un événement lourd de signification se produit alors ; l'évêque (catholique) de Béziers essaie d'éviter le pire, que vraisemblablement il pressent, par un entretien avec les croisés. Ceux-ci émettent l'ultimatum suivant : les catholiques de Béziers doivent livrer les hérétiques (dont l'évêque a donné lui-même la liste) ou sinon quitter la ville « afin de ne pas partager leur sort ni périr avec eux ». Ce propos est très menaçant. Petite question en fait double qui n'est pas sans intérêt : de quels héré-

■ SCEAU DE RAYMOND-
ROGER TRENCAVEL

Raymond-Roger Trencavel (dont on voit ici le sceau) reçut le premier choc de l'armée des croisés durant l'été 1209 ; bien qu'il eût présenté aux chefs de la croisade sa soumission pour les villes de Béziers, Carcassonne, Albi et Rayès, sa situation devint vite critique devant l'intransigeance des légats pontificaux. Béziers est ainsi, le 27 juillet 1209, le premier haut lieu de la tragédie cathare ; vingt mille personnes environ furent massacrées par les croisés et c'est à Béziers que fut peut-être prononcée la terrible phrase : « Tuez-les tous, Dieu reconnaîtra les siens. »

Musée du Biterrois, Béziers, photo du musée.

Carcassonne.

tiques s'agissait-il (Parfaits, croyants), quel était leur nombre ?

Faute d'être certain de disposer de cette liste, il n'est pas possible de se prononcer avec netteté. Une liste est parvenue jusqu'à nous, comptant 223 personnes ; s'il s'agit bien de la liste donnée par l'évêque, on peut estimer que ces personnes étaient des Parfaits (car ce serait un chiffre ridicule s'il concernait tous les croyants).

Quoi qu'il en soit, la population de Béziers (plus probablement ses représentants dans la gestion des affaires municipales) rejeta cet ultimatum ; l'évêque quitta la ville avec quelques catholiques pour rejoindre le camp des croisés ; à noter que les prêtres (catholiques) restèrent à Béziers.

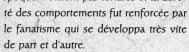 **Reconstitution d'une fête médiévale à Puivert.**

Le 27 juillet, la ville fut prise d'assaut et ce fut le carnage : pillage bien sûr, incendies, mais surtout massacre de toute la population y compris les prêtres (peut-être 20 000 personnes : c'est le chiffre figurant dans le rapport des légats du pape). C'est à ce moment que se situe la terrible phrase prêtée à l'abbé de Cîteaux : « Tuez-les tous, Dieu reconnaîtra les siens. »

Certains auteurs ont voulu laver les légats de la responsabilité de ce massacre en l'imputant à ce que l'on qualifierait maintenant d'« éléments incontrôlés » ; l'ampleur de ce qui s'est passé rend douteuse une telle argumentation. Faut-il à l'inverse y voir une action délibérée, destinée à frapper de terreur les autres villes susceptibles de résister ? Signalons également que le comte de Toulouse, présent à la croisade, assista en témoin direct à la tragédie.

Narbonne, Montpellier, Cavaillon et d'autres villes prêtèrent serment, avec les obligations suivantes qu'il convient de rappeler, compte tenu de leur dureté :

– aider matériellement et financièrement les croisés ;

 ## LE MASSACRE DE BÉZIERS

Sans se livrer à un dénombrement macabre qui n'atténuerait certainement pas le caractère horrible de ce massacre, il convient cependant de demeurer prudent sur les chiffres des victimes. D'une manière générale, les récits de l'époque font toujours état de chiffres très exagérés : un chroniqueur attribue ainsi à l'armée des croisés un effectif de 500 000 hommes (soit au moins dix fois plus que la réalité crédible). Dans le cas des massacres et des bûchers, ont été victimes des Parfaits et des Parfaites, des croyants et des croyantes et des habitants tout à fait ordinaires ; les mœurs de l'époque n'étaient pas tendres et la dureté des comportements fut renforcée par le fanatisme qui se développa très vite de part et d'autre.

Le massacre de Béziers est triplement significatif : tout d'abord il se situe au début même de la croisade, donc il aura un effet communicatif, provoquant à la fois la terreur et le désir de vengeance ; ensuite il se rattache à la célèbre phrase (« Tuez-les tous, Dieu reconnaîtra les siens ») ; et enfin il porte sur l'ensemble d'une population, collectivement, sans doute 20 000 personnes.

LA TERRIBLE PHRASE : « TUEZ-LES TOUS, DIEU RECONNAÎTRA LES SIENS » (BÉZIERS, JUILLET 1209)

Dans la mémoire collective, cette phrase est souvent attribuée à Simon de Montfort. En fait, c'est un moine cistercien allemand, Césaire de Heisterbach, qui n'était pas présent lors des faits, qui la met dans la bouche du légat pontifical, Arnaud-Amaury, abbé de Cîteaux, désigné par Innocent III pour être le chef de la croisade (faute de la participation du roi de France ou d'un mandataire nommé par celui-ci). Cette attribution est-elle fondée ?

Il est évident que lors du siège de Béziers, Simon de Montfort n'est encore qu'un simple participant sans responsabilité particulière et personne ne fait de lui l'auteur de la phrase.

Pour ce qui concerne Arnaud-Amaury, au cours d'une autre affaire tragique, celle du bûcher de Minerve, il répondit à un seigneur qui s'étonnait de sa – très relative – clémence à propos des habitants du château : « Rassurez-vous, il n'y en aura pas beaucoup » (à abjurer, donc à sauver leur vie).

La phrase correspond en tout cas à un état d'esprit répandu chez les croisés, comme divers documents l'attestent. Il y eut bien volonté délibérée de procéder à un massacre ; au début du siège, l'évêque avait incité les catholiques à quitter Béziers pour ne pas partager le sort des hérétiques et ne pas périr avec eux ; il y avait donc bien eu une menace d'extermination.

▣ **Le palais de l'archevêque de Narbonne** En haut .

▣ **Pierre qui proviendrait du siège de Carcassonne.**

Photo J.-P. Bouchard.

– livrer aux croisés les hérétiques et les suspects pour être traduits devant un tribunal religieux composé des grands prélats présents à la croisade (archevêques et évêques).

Commence alors, le 1er août 1209, le siège de Carcassonne ; un nouvel acteur survient, le roi d'Aragon, qui tente une médiation entre son vassal, Trencavel, vicomte de Béziers et de Carcassonne, qui dirige les opérations de résistance, et le camp des croisés. L'ultimatum des légats ressemble fort à celui de Béziers et se situe après la prise par les croisés d'un élément important de la défense de la ville (le bourg) ; en effet, les croisés, approuvés en cela par les légats, craignaient que seuls le vicomte et onze autres hommes quittent la ville en laissant celle-ci et toute sa population à la merci des croisés. Trencavel refusa et décida de rester avec les défenseurs de la ville.

Pierre II quitta la région, n'approuvant pas cet ultimatum, et regagna l'Aragon.

Quelques jours après, Trencavel est fait prisonnier dans des conditions équivoques : s'est-il rendu ou a-t-il été retenu alors qu'il venait en négociateur ? Il mourut en captivité en novembre 1209. La ville, elle, fut prise le 15 août et toute la population expulsée avec abandon de tous ses biens.

La prise de Carcassonne allait permettre de passer à une nouvelle étape, conforme à

LA DÉLIVRANCE
DES EMMURÉS
DE CARCASSONNE

Ce tableau *La délivrance
des emmurés de Carcassonne* ,
réalisé en 1879, fait partie du
cycle que Jean-Paul Laurens
consacra à la réhabilitation de
l'action (voir page 49) menée
par un moine franciscain,
Bernard Délicieux, contre
l'Inquisition, qui fut finalement
torturé par celle-ci.
Ici, le moine s'adresse à la foule
présente au moment où les
prisonniers qu'il a fait libérer
sortent de la prison.

Photo musée des Beaux-Arts de Carcassonne.

Page de gauche.

SIMON DE MONTFORT

Le portrait de Simon
de Montfort est très postérieur
puisqu'il est l'œuvre de
François Louis de Juinne
(1788-1844) et donc tout
à fait imaginaire.

Musée Clément-Ader, Muret, photo du musée.

SIMON DE MONTFORT
(NÉ VERS 1165-MORT EN 1218)

Il a été une figure emblématique de la croisade militaire menée contre les cathares, même si c'est à tort qu'on lui a prêté la terrible phrase citée plus haut. C'est un pur produit du système féodal ; il appartenait à une famille noble de Montfort-l'Amaury dont le domaine s'étendait à la fois autour de Rambouillet (Vaux-de-Cernay) et dans la région proche de Mantes (Epernon, Houdan) ; il était apparenté à la famille royale d'Angleterre et proche par une ancêtre, de manière indirecte, de la famille royale française dont il est un vassal.

Lors d'une réunion tenue en 1199 à Escry-sur-Aisne (près de Rethel) dont l'objet était à l'origine la tenue d'un tournoi, il s'engage pour ce qui sera la quatrième croisade (celle qui sera détournée de sa destination religieuse par les Vénitiens et qui aboutira en particulier au sac de Constantinople, ville chrétienne, par les croisés en 1204) ; dès le début, il refuse de participer à l'expédition contre Zara, que veulent conquérir les Vénitiens, et se rend directement en Terre sainte où il reste plus d'un an.

En 1207, son cousin Guy, abbé des Vaux-de-Cernay, est chargé par le pape d'une mission de prêches en Languedoc contre les hérétiques. Lorsqu'en 1208, le pape Innocent III décide de provoquer une croisade contre les cathares, Simon de Montfort s'engage après que le roi de France, Philippe Auguste, sans s'engager lui-même, eut autorisé ses vassaux à le faire.

Au début de cette croisade, il ne joue pas un rôle de premier plan, mais après la prise de Carcassonne, il est désigné (sans doute à l'instigation de son cousin, l'abbé Guy) pour devenir le successeur de Raymond-Roger Trencavel, vicomte de Béziers et de Carcassonne, déchu de son titre en raison du soutien qu'il avait apporté à la cause cathare. Son histoire se confond avec celle de la conquête sanglante des terres de cette vicomté, qu'il entreprend sans ménagement. Finalement, il est tué en juin 1218 lors du siège de Toulouse, ayant concentré sur lui les haines et les désirs de vengeance suscités par les massacres qu'il avait organisés.

l'esprit de la croisade telle que l'avait conçue et définie le pape mais en contradiction avec le système féodal. Rappelons qu'à ce moment le vicomte, détenteur en titre du fief, est toujours vivant. Or, le légat, au nom du pape, déclare le vicomte dépossédé et annonce que le fief va être attribué à un nouveau seigneur ; c'était donc faire fi de l'existence du suzerain Pierre II d'Aragon.

A qui attribuer le fief ? Arnaud-Amaury proposa successivement à trois grands seigneurs (le duc de Bourgogne, le comte de Nevers, le comte de Saint-Pol) de reprendre ce fief mais il se heurta à un refus ; en effet, cette procédure de transfert de fief ne pouvait être agréable au roi de

France, suzerain direct de ces trois seigneurs, et qui aurait dû être consulté.

Une autre solution fut trouvée : proposer le fief à un seigneur de plus modeste envergure et qui n'avait pas de liens directs de vassalité avec le roi de France. Simon de Montfort fut choisi et ainsi apparaît sur la scène de l'histoire celui dont le nom reste lié, dans la mémoire collective, à la croisade contre les albigeois. Petit seigneur, pourvu de fiefs de faible importance, Simon de Montfort accepta au moment où une partie des croisés, arrivant au terme de leur ost, commençaient à revenir en « France ». Une modification dans le système de direction de la croisade intervint : désormais, si Arnaud-Amaury demeure le chef principal, la croisade dispose d'un véritable homme de guerre pour les opérations militaires.

Les forces dont dispose Simon de Montfort ont, en tout cas, fortement diminué ; seuls vont rester, au-delà de la durée des quarante jours, des chevaliers de petite noblesse et provenant de l'Ile-de-France ; les renforts ne peuvent venir avant le prochain printemps (avec un nouvel ost).

Mais la croisade elle-même prend une nouvelle tournure ; certes, l'objectif de départ, c'est-à-dire l'extermination de fait des hérétiques, demeure ; mais il vient s'y ajouter un autre qui est l'installation sur le siège de vicomte de Béziers et Carcassonne d'un nouveau seigneur ; le système féodal fait que celui-ci doit recevoir l'hommage de ses vassaux, c'est-à-dire être reconnu comme suzerain par eux ; les mécanismes du système féodal jouent donc : si certains vassaux reconnaissent bien leur nouveau suzerain, d'autres en revanche s'y refusent, d'où une action armée soit pour les contraindre à prêter serment de fidélité et hommage, soit pour les chasser (ce qui donnera à Simon de Montfort la possibilité de « récompenser » certains de ses fidèles par l'octroi d'un domaine seigneurial).

Cette imbrication des deux objectifs est un des éléments essentiels de compréhension de la nouvelle période qui va s'ouvrir dans l'histoire des campagnes de la croisade, pour asseoir l'autorité du nouveau suzerain sur les zones qu'il avait reçues en fief.

A cela s'ajoute un élément financier ; Simon de Montfort, désireux de se concilier les bonnes grâces de la papauté et aussi de remercier en quelque sorte les légats, décide de lever, dans sa nouvelle vicomté, un impôt au profit de Rome selon une formule qui va évidemment dans le sens de la théocratie : il parle du « droit de propriété de l'Eglise romaine ». C'est là encore violer le droit féodal en faisant fi de l'existence du suzerain, roi d'Aragon. Il est vrai qu'à la différence du roi de France, celui d'Aragon est effectivement aussi vassal du pape.

Simon de Montfort entreprend donc une série de chevauchées : vers Limoux (au sud-ouest de Carcassonne), vers Castres (au sud-ouest). C'est dans cette ville que se produisit un fait qui allait devenir fréquent : l'exécution par le feu, sur le bûcher, de cathares vivants. Ainsi, deux personnes furent brûlées vives, en violation des règles juridiques formulées par la papauté ; aux termes de celle-ci, les accusés reconnus coupables d'hérésie par le tribunal ecclésiastique présidé par l'évêque local ou son représentant devaient être remis au « bras séculier » (c'est-à-dire la partie civile) qui déterminerait la peine et l'appliquerait.

Simon de Montfort s'est comporté en véritable soudard, jugeant seul, condamnant seul et faisant exécuter la sentence : la route des bûchers est ouverte.

Ce bûcher ne concerne pas la tragédie cathare mais donne une idée de la manière dont se déroulait cette cérémonie. .

Bibliothèque nationale, Paris, Ms. fr. 6465, f° 236.

Il n'est pas certain que cette pierre tombale soit celle de Simon de Montfort ; celui-ci, en tout cas, fut bien inhumé dans la cathédrale de Carcassonne après sa mort au siège de Toulouse en 1218.

Photo Jean-Pierre Bouchard.

C'est à Minerve (entre Béziers et Carcassonne) que Simon de Montfort fit dresser le premier bûcher (140 victimes environ) en juillet 1210. Cette pierre, percée d'un trou en forme de colombe, est un monument moderne dédié à ces victimes.

LA MORT PAR LE FEU

La politique du bûcher dans la croisade contre les albigeois est due à la fois au déchaînement de la force brutale et à l'évolution du concept d'hérésie. Le pape Innocent III a en effet œuvré pour que l'hérésie soit assimilée à un délit, répréhensible en tant que tel par le pouvoir séculier, et même à un crime de lèse-majesté, ce qui entraînait l'arrachage de la langue et la mort par le feu.

Le premier supplice ne fut pas pratiqué dans la répression de l'hérésie cathare mais les bûchers furent nombreux et sont devenus, dans la mémoire collective, l'expression symbolique de la violence exercée par les troupes « françaises » et l'Église. Il s'agissait de brûler vifs (sans artifice comme l'étranglement préventif) ceux et celles qui refusaient d'abjurer la foi cathare ou qui étaient « relaps », c'est-à-dire qui après avoir abjuré avaient repris leur foi cathare.

Les bûchers concernèrent essentiellement des Parfaits et des Parfaites mais cette mort a aussi frappé de simples croyants.

Les principaux bûchers furent ceux du château de Minerve (140 personnes en 1210), du château de Lavaur (400 personnes en 1211), à Cassès (600 personnes en 1211), à Montségur (200 personnes en 1244) et à Agen (80 personnes en 1249).

Sur le chemin du retour, à la fin août, les croisés subirent le premier échec en tentant de prendre d'assaut le château de Cabaret dont le seigneur, à la fois très proche des cathares (sans doute l'était-il lui-même) et fidèle vassal de Trencavel, n'acceptait pas de se soumettre à Simon de Montfort.

Revenant sur leurs pas vers le sud en passant par Fanjeaux, les croisés obliquèrent vers l'ouest pour aller prendre possession de Pamiers ; c'était là violer à nouveau le droit féodal : cette ville en effet s'inscrivait dans un double vasselage ou plutôt dans un vasselage partagé puisque le suzerain était à la fois l'abbaye de Saint-Antonin et le comte de Foix ; l'abbé demanda à Simon de Montfort qu'il se substitue au comte de Foix, ce qui fut fait en septembre 1209.

Nouvelle remontée vers le nord avec la prestation d'hommage de Lombers et d'Albi (où le seigneur était l'évêque). Mais à la fin de septembre, le comte de Foix, irrité à juste titre de ce qui s'était passé à Pamiers, prend l'offensive, offensive vite arrêtée à Fanjeaux.

▨ **Albi. Au premier plan, le palais Berbie.**

Photo Hervé Champollion.

▨ **Saint Dominique vécut neuf ans à Fanjeaux ; cette croix évoque son souvenir ; l'ordre des Frères pêcheurs qu'il fonda en 1215 fournit les cadres de l'Inquisition.**

Photo Jean-Pierre Bouchard.

En cet automne 1209, la situation se complique pour Simon de Montfort ; le roi d'Aragon refuse de le considérer comme son vassal ; la mort de Trencavel en novembre à 24 ans (probablement par assassinat dans sa prison) n'arrange rien ; dans des conditions que l'on devine, sa veuve conclut un accord avec Simon de Montfort par lequel elle renonce à ses droits et à ceux de son fils (qui a 2 ans) contre une rente annuelle. Mais surtout, de petits seigneurs qui avaient prêté serment à Simon de Montfort (soit des seigneurs occitans confirmés après ce serment, soit même des seigneurs français investis en substitution de seigneurs occitans tués ou enfuis) se révoltent et il faut sans cesse réprimer ces soulèvements.

Les campagnes annuelles de Simon de Montfort (1210, 1211, 1212)

Chaque année, le même processus se déroule : arrivée de nouveaux croisés (parmi lesquels l'appât des seigneuries à conquérir ou à acquérir devient plus visible), chevauchées pour s'emparer de châteaux rebelles où se sont réfugiés des Parfaits et des Parfaites, exécution de ceux-ci et de celles-ci sur des bûchers, installation de nouveaux seigneurs, retour après la durée de l'ost des croisés dans leurs foyers, soulèvements de nouvelles zones dès l'automne, etc.

Ces campagnes sont caractérisées par des événements d'une grande cruauté, par exemple le supplice de Bram. Compte tenu à la fois du fanatisme religieux des légats, d'une partie du clergé catholique, des croisés et du nombre limité de ceux-ci (en septembre 1209 par exemple après la fin de l'ost, Simon de Montfort ne dispose plus que de vingt-six chevaliers, accompagnés il est vrai de leurs gens d'armes), le principal et parfois le seul objectif des croisés est de faire peur, de répandre la terreur afin de garder le contrôle de la situation.

 Bram. Photo Jean-Pierre Bouchard.

LE SUPPLICE DES DÉFENSEURS DE BRAM

Bram était un village situé au nord-ouest de Carcassonne ; ne disposant pas de défenses naturelles puisque situé en plaine, il fut pris d'assaut facilement. Parmi les prisonniers, Simon de Montfort retrouva un prêtre français (c'est-à-dire non occitan) à qui il avait confié la garde de l'agglomération de Montréal après l'abandon de celle-ci par son seigneur occitan (qui n'avait pas voulu prêter serment) et qui l'avait rendue à celui-ci. L'évêque de Carcassonne le dégrada de sa situation d'ecclésiastique et ensuite Simon de Montfort le fit traîner attaché à la queue d'un cheval avant de le faire pendre.

Mais surtout, Simon de Montfort fit crever les yeux et couper le nez d'une centaine de prisonniers et les envoya vers Cabaret, guidés par un prisonnier à qui on avait crevé un œil.

Retracer dans le détail ces chevauchées serait fastidieux ; on se contentera de citer quelques étapes en remarquant que cette activité militaire s'inscrit d'abord autour de Carcassonne puis, s'éloignant vers le nord, se rapproche de Toulouse.

▣ 1210 ▣

Mars

– dès l'arrivée d'un contingent de croisés conduit par sa femme Alix, Simon de Montfort attaque le village de Montlaur (nord-est de Carcassonne) qui s'est révolté contre la garnison française et pend tous les habitants qui n'ont pas réussi à fuir ;

– attaque du village de Bram (ouest de Carcassonne) et supplice infligé aux prisonniers.

Avril

– attaque du village de Cabaret (nord de Carcassonne) ; siège et prise du château d'Alaric (sud-est de Carcassonne).

Juillet

– siège et prise du château de Minerve (nord-est de Carcassonne) ; mort par le bûcher de 140 cathares.

Août–novembre

– siège et prise des châteaux de Termes (sud-est de Carcassonne) et de Puivert (au sud-ouest).

▣ 1211 ▣

Mars

– reprise de chevauchées avec l'arrivée de nouveaux croisés ; capitulation du château de Cabaret.

Mai

– siège et prise du château de Lavaur (entre Albi et Toulouse) ; bûcher de 300 à 400 cathares, le plus important de toute la tragédie cathare ; prise de Les Cassès (sud-ouest de Castelnaudary) ; bûcher de 60 cathares environ.

Juin

– échec du siège de Toulouse.

▣ Le village d'Auriac servit de refuge aux cathares après la première croisade de Simon de Montfort.

C'est dans ce château de Puivert (à proximité de celui de Montségur) que se tenaient les « cours d'amour » où se produisaient les troubadours ; il fut un centre très intense d'activité de la religion cathare.

Le Christ dit bogomile serait la preuve d'un lien entre la religion des cathares et celle des hérétiques installés sur le territoire de l'actuelle Bulgarie. Il se trouve près de l'église de Les Cassès, au nord de Castelnaudary.

Photo Jean-Pierre Bouchard.

1212

Hiver et printemps
– chevauchées des croisés pour reprendre des châteaux et des agglomérations repassées à l'adversaire, en particulier dans le Lauragais ; cela fut possible grâce au retour en Europe des croisés venant de Terre sainte, conduits par Guy, frère de Simon de Montfort.

Eté
– conquête du bas Quercy et de l'Agenais (siège de Saint-Antonin, Penne-d'Agenais, Moissac).

LA PRISE DE MINERVE (JUILLET 1210)

Minerve fut le lieu du premier bûcher organisé par Simon de Montfort, le 22 juillet 1210. Le siège dura cinq semaines à partir du 15 juin environ, dans des conditions rendues encore plus pénibles par la chaleur et le manque d'eau des assiégés. Selon les dispositions de la capitulation décidées par Simon de Montfort et le légat Arnaud-Amaury, l'ensemble des personnes se trouvant dans le château et le village auraient la vie sauve s'ils prêtaient serment de fidélité à l'Église catholique ; parmi les habitants se trouvaient des Parfaits et des croyants cathares des deux sexes qui refusèrent d'abjurer. Un bûcher fut préparé, en dessous du château, vers le 22 juillet ; les cathares s'y jetèrent d'eux-mêmes : 140 personnes environ, hommes et femmes.

Le seigneur Guillaume de Minerve fut dépossédé du domaine, donné à Simon de Montfort.

Pendant ces années, où en était-on, avec le comte de Toulouse ? Il convient de faire à ce point un léger retour en arrière.

Le comte de Toulouse et la croisade

Tous les historiens se sont interrogés sur son caractère et ses intentions, tant politiques que religieuses, qui motivèrent son action louvoyante car il est bien difficile de distinguer dans celle-ci une quelconque ligne directrice.

Nous avons vu plus haut qu'au début de la croisade, Raymond VI avait dû solliciter

Saissac (près de Carcassonne) : Bertrand de Saissac dont il est fait mention page 38, en était originaire, comme son nom l'indique.

les légats et jurer la paix avec eux ; ce qui fut fait à Saint-Gilles en juin 1209. Mais bien qu'il s'engage à participer à la croisade, il lui faut encore obtenir la levée d'une excommunication lancée contre lui en 1207 et l'abandon de l'accusation d'assassinat de Pierre de Castelnau. En revanche, son engagement à la croisade place ses domaines sous la protection du pape. Les quarante jours d'ost qu'il doit au titre du droit féodal, il les passera le plus discrètement possible car il ne souhaite pas intervenir contre ses vassaux ; nous ne disposons d'aucun document fournissant des indications sur son comportement lors du pillage et du massacre de Béziers.

Les légats et Simon de Montfort n'ont aucune confiance dans le serment de Raymond VI de participer à la croisade, donc de contribuer à la lutte contre les cathares ; ils le somment donc, dès la seconde moitié de 1209, de livrer les cathares se trouvant à Toulouse. Refus, d'où nouvelle excommunication et reprise des accusations qui avaient été levées par la cérémonie de pénitence de Saint-Gilles (à peine trois mois plus tôt !).

Mais le comte de Toulouse fait appel au pape (et se rend même à Rome à la fin de cette même année 1209) ; il obtient en quelque sorte un sursis puisqu'il est décidé que les légats doivent d'ici mai 1210 réunir un concile qui recevrait la « purgation canonique » du comte, c'est-à-dire écouterait sa défense (car il faut bien se rendre compte que ces condamnations d'excommunication et d'interdit avaient été prononcées sans audition de l'accusé !) et soit l'absoudrait, soit transmettrait au pape une demande de sanction.

C'est en juillet 1210 que se réunit de nouveau à Saint-Gilles ce concile en présence du comte ; mais le légat Arnaud-Amaury, qui lui était très hostile, réussit à escamoter le débat de fond (le comte était-il hérétique ? était-il complice de l'assassinat de Pierre de Castelnau ?) en arguant du fait que l'accusé n'avait pas « satisfait » à d'autres questions

évoquées en 1209, par exemple la perception de péages illégaux ou la construction de forteresses sur des terres appartenant à l'Eglise, etc. Si bien que le concile reconduisit l'excommunication de 1209 (c'était la troisième en deux ans...).

La situation sur le terrain se compliquait du fait que des seigneurs qui avaient refusé de prêter serment à Simon de Montfort et avaient fui leurs domaines confisqués se réfugiaient de plus en plus nombreux sur des terres relevant du comte de Toulouse. On a vu plus haut que les croisés n'hésitèrent pas en juin 1211 à assiéger Toulouse même, que ce fut un échec et que l'année 1212 fut consacrée à réprimer les révoltes et à installer ou réinstaller des vassaux fidèles à Simon de Montfort, ce qui ne pouvait qu'entraîner un durcissement de l'attitude du comte de Toulouse, pressé de réclamations par ses vassaux.

En janvier 1211, nouvelle réunion au sommet (d'abord à Narbonne puis à Montpellier) mais cette fois-ci de nature vraiment politique : se retrouvent ainsi les légats et les quatre grands seigneurs de la région : Simon de Montfort, le roi d'Aragon, le comte de Toulouse et le comte de Foix ; les légats marquent un point qui parut sur le moment décisif : Pierre II d'Aragon, revenant sur sa position antérieure, accepte de recevoir l'hommage de Simon de Montfort pour le fief dont il est devenu le seigneur (Béziers et Carcassonne) et donc de le reconnaître comme vassal légitime. Poursuivant leur avancée, les légats demandent alors au comte de Toulouse de s'engager effectivement dans la lutte contre les cathares, en échange de quoi il conserverait ses droits sur ses biens propres et sur les localités déclarées hérétiques dans ses fiefs (ce qui empêcherait Simon de Montfort d'y installer des seigneurs à sa solde). Refus de Raymond VI ; les légats allèrent encore plus loin et présentèrent de nouvelles exigences, en particulier la démolition des forteresses (et le comte devait partir en Terre sainte et y rester jusqu'à ce que les légats l'autorisent à revenir) ; toute contrepartie à l'engagement dans la lutte était supprimée ; les exigences étaient si extraordinaires que les historiens estiment en général qu'il s'agissait d'une véritable provocation ; on comprend que Raymond VI n'ait pas donné de réponse et soit rentré immédiatement à Toulouse.

En février 1212, les légats prononcèrent une nouvelle excommunication (la quatrième) et lancèrent l'interdit sur l'ensemble du comté et surtout (décision notifiée par le pape) exposèrent « en proie » les terres-fiefs du comte, c'est-à-dire le dépossédèrent de ses titres et droits féodaux, ce qui donnait la possibilité aux croisés de disposer de ceux-ci.

La guerre contre le comte de Toulouse et ses partisans était ouverte.

Il est incontestable qu'une partie de la population toulousaine exprimait ouvertement sa sympathie envers les hérétiques pourchassés par les croisés ; l'évêque de Toulouse, désigné par le pape, Foulque, avait cherché à contourner cette sympathie en créant une « confrérie blanche » qui regroupait les partisans de la lutte contre les hérétiques, au besoin par la force ; en réaction contre cette mesure, germe d'une guerre civile, les partisans des cathares créèrent une « confrérie noire ».

Dans cette volonté des légats et de Simon de Montfort de mettre au pas le comté de Toulouse, intervient un facteur qui n'a rien à voir avec la question religieuse : le désir de Simon de Montfort de remplacer purement et simplement Raymond VI à la tête de ce prestigieux comté, tout comme il l'avait déjà réussi pour la vicomté de Béziers et de Carcassonne.

Aucun événement décisif n'intervient en 1211 et 1212 dans le conflit direct avec Toulouse : échec du siège de la ville et résultat indécis de la bataille de Castelnaudary ; Simon de Montfort pousse peu à peu ses pions pour priver le comte de Toulouse de

l'appui de vassaux ou de voisins. Car, bien entendu, le réseau complexe des liens féodaux unissant Raymond VI à ses vassaux comportait des failles qui ne demandaient qu'à s'élargir ; tel fut le cas pour le Quercy dont les seigneurs se rallièrent à Simon de Montfort en juin 1211.

Octobre 1212 : Simon de Montfort et ses lieutenants (en particulier son frère Guy) ont réussi à isoler Toulouse, politiquement parlant, et à la fin de cette année 1212, il est devenu évident que le facteur politique a pris le pas sur le facteur religieux. Simon de Montfort est parvenu à conforter sa position de seigneur investi par les légats puisqu'il a réussi à se faire reconnaître, à se faire rendre hommage (ou à placer à la tête de ses fiefs des hommes à lui) pour un ensemble très important de territoires : vicomté de Béziers et de Carcassonne, comté de Toulouse, comté de Comminges. Reste évidemment le problème de Toulouse même et de l'attitude du roi d'Aragon (roi qui a toujours refusé l'hommage de ce nouveau vicomte de Béziers et Carcassonne, donc de le reconnaître malgré l'engagement pris en 1211).

C'est à ce moment (novembre 1212) que se situe un fait politique très significatif qui montre à quel point cette croisade des albigeois était devenue une entreprise de substitution d'une hiérarchie féodale « française », du Nord, à celle précédemment en place qui était occitane, du Sud. Simon de Montfort convoque à Pamiers une assemblée pour mettre au point un texte que l'on connaît sous le nom de « Statuts de Pamiers » ; il s'agit d'une tentative pour fixer les « coutumes », c'est-à-dire les règles de fonctionnement de la vie juridique ; sommairement dit, l'objectif est de transplanter des règles utilisées en Ile-de-France ; cela est clairement et nettement dit dans la convention signée entre Simon de Montfort et ses vassaux ; ce texte ne se confond pas avec les Statuts (qui se composent de 46 articles) et constitue à lui seul une innovation importante :

« *Coutumes que le seigneur comte doit observer entre lui et les barons de France et autres à qui il a donné la terre en ce pays :*

Tant entre barons et chevaliers qu'entre bourgeois et paysans, les successions se feront selon la coutume et l'usage de France autour de Paris.

Nul baron, chevalier ou autre seigneur sur notre terre n'admettra le duel en sa cour de justice, pour quelque cause que ce soit, sauf pour trahison, vol, rapine ou meurtre.

Dans les plaids, affaires de justice, dots, fiefs et partages des terres, le comte sera tenu de garantir aux barons de France et autres à qui il a donné la terre en ce pays, les mêmes usages et coutumes que ceux qui sont observés en France autour de Paris.

Fait à Pamiers en notre palais le 1er décembre de l'an 1212 de l'Incarnation du Seigneur. »

L'intervention du roi d'Aragon

Très conscient du danger qui le menace, Raymond VI entreprend une manœuvre qui nous révèle, si besoin était, le caractère complexe de l'affaire cathare : il va, en se rendant en Aragon, solliciter le roi Pierre II. Les sentiments religieux « orthodoxes » de celui-ci ne peuvent être mis en doute ; il a mené et continue à mener une lutte armée contre les musulmans qui occupent l'Espagne, c'est-à-dire qu'il dirige une « vraie » croisade au sens traditionnel (qui vient de remporter la victoire de Las Navas). Mais le roi d'Aragon ne pouvait admettre qu'un seigneur venu du Nord, de France, acquière peu à peu un vaste domaine susceptible non seulement de bloquer ses propres ambitions mais encore et surtout de le menacer directement à brève échéance. De plus, le facteur familial a dû jouer : les deux seigneurs sont beaux-frères (la sœur de Pierre II est l'épouse de Raymond VI).

Le conflit devient véritablement celui de deux cultures : l'occitane et l'autre. L'intervention de l'Aragon était la dernière chance de sauver Toulouse ; c'est ce que Raymond VI plaide auprès de Pierre II à la

fin de septembre 1212 et il obtient facilement satisfaction.

Particulièrement intéressant est le fait que Pierre II a voulu justifier son intervention sur le plan canonique ; son argumentation fut très serrée :

– le pape a clairement défini les objectifs de la croisade : destituer les protecteurs des hérétiques, confisquer leurs biens et les transférer à de bons catholiques ;

– les confiscations et les transferts ont en fait concerné des domaines dont les sei-

Le site de Lastours (au nord de Carcassonne) présente la particularité de compter quatre châteaux, la tour Régine (à gauche) étant l'un d'entre eux. Ce fut un haut lieu de la vie de cour cathare et un lieu de refuge pendant les chevauchées des croisés.

exemple, les fiefs relevant du comte de Foix, du comte de Comminges et même en Agenais (car cette région dépendait du comte de Toulouse qui l'avait acquise de Richard Cœur de Lion en épousant sa sœur Jeanne en 1196).

Tous ces arguments furent exposés à Innocent III par une délégation aragonaise qui se rendit à Rome (novembre 1212). Le résultat fut direct : le pape décrète l'arrêt immédiat de la croisade, la restitution à Pierre II et à ses vassaux de tous leurs droits et accepte la proposition de Pierre II de préparer un accord définitif.

A ce stade des événements, il faut attacher une attention particulière au calendrier : c'est dans le courant de novembre 1212 que la délégation aragonaise est parvenue à Rome ; c'est à la mi-janvier 1213 que le pape notifie aux légats sa décision d'arrêter la croisade mais c'est seulement un mois plus tard (février 1213) que cette notification parvient aux légats et pendant cet intervalle la situation a complètement évolué.

On se souvient que le pape avait enjoint aux légats (fin 1209-début 1210) de procéder à l'ouverture de ce procès canonique qui devait permettre à Raymond VI de s'expliquer enfin sur l'accusation d'hérésie ; les légats avaient tergiversé et en fait contourné les instructions pontificales ; Innocent III avait réitéré celles-ci et les légats avaient dû préparer ce procès, d'où une réunion des prélats liés à la croisade qui se tenait à Lavaur au début de janvier 1213 (donc dans l'ignorance de l'arrêt de la croisade édicté par le pape). Pierre II d'Aragon se rend à ce concile et le débat s'engagea sur la base d'un malentendu : Arnaud-Amaury ne veut aborder que les questions de procédure liées au procès tandis que le roi d'Aragon reprend les thèses exposées au pape par sa délégation pour terminer le conflit, c'est-à-dire restitution à ses vassaux de leurs terres et droits, pénitence de Raymond VI avec transfert de sa succession à son fils. Les légats refusèrent

gneurs n'étaient ni hérétiques ni complices de ceux-ci (par exemple sur les terres de vassaux directs du roi d'Aragon). En effet, avoir demandé à des seigneurs de prêter serment, sans leur avoir fait de procès d'hérésie, signifie qu'on les considérait bien comme bons catholiques ; donc avoir confisqué leurs domaines parce qu'ils ne voulaient pas prêter serment n'a rien à voir avec le problème religieux ; de plus, la prestation de fidélité à un seigneur implique l'accord du suzerain, principe féodal violé par les croisés : par

Les Médiévales
de Carcassonne.

ces propositions et surtout la position d'arbitre qu'adoptait le roi en quelque sorte ; le 27 janvier, le comte de Toulouse, son fils, les vassaux du roi, les consuls de Toulouse, par serment, s'engagent auprès de Pierre II et acceptent à l'avance les décisions qu'il prendra pour résoudre le conflit avec les croisés. Pour bien comprendre la portée d'un tel acte, il faut songer à ce qu'il signifiait en droit féodal : les signataires se plaçaient sous la protection du roi d'Aragon avec la bivalence que nous avons déjà signalée à plusieurs reprises (les devoirs de celui qui « reçoit » et ceux de celui qui se « donne » constituent un ensemble). Or, le comte de Toulouse était un vassal du roi de France ; par conséquent, il ne pouvait pas « se donner » à un autre suzerain.

Tout cela anticipait fortement sur les propositions que devait, selon le pape, faire Pierre II ultérieurement. En somme, le roi d'Aragon faisait progresser ses propres intérêts sans tenir compte de l'esprit et de la lettre de la décision pontificale.

Est-il besoin de préciser que les légats jugèrent très sévèrement l'attitude de Pierre II et en firent part au pape (alors que la bulle d'annulation de la croisade ne leur était pas parvenue !). Celui-ci décide le 21 mai 1213 de relancer la croisade qu'il a arrêtée le 15 janvier. Bien plus, le pape ordonne à Pierre II de déclarer nuls les serments prêtés à Toulouse le 27 janvier, de conclure une trêve avec Simon de Montfort, faute de quoi il serait exclu de la communauté catholique.

Les chevauchées des croisés pendant toute cette période n'avaient pas cessé, ni les ripostes des chevaliers occitans : dévastation des campagnes autour de Toulouse, prise et reprise de châteaux, etc. Pierre II, lui, organise une véritable campagne militaire et passe les Pyrénées avec une armée dont il n'est pas possible de chiffrer le nombre de soldats mais celui-ci est certainement important.

Cette armée remonte vers Toulouse et a pour objectif la prise de Muret ; elle allait s'y heurter à une armée de croisés partie de Fanjeaux.

La bataille de Muret allait être décisive. La mort de Pierre II, la défaite militaire, l'écrasement des forces aragonaises et toulousaines ouvraient largement la voie à une domination sans limite de la région par Simon de Montfort. On comprend que son souvenir soit resté vivace dans la mémoire collective occitane.

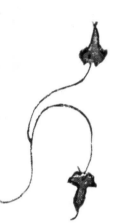

LA BATAILLE DE MURET
(12 SEPTEMBRE 1213)

Muret est situé au sud de Toulouse. Il s'agissait pour Pierre II, dans sa marche vers les troupes de Simon de Montfort, de prendre au passage cette ville défendue par des croisés en faible nombre ; le siège commence le 30 août 1213, peu avant que Simon de Montfort n'arrive lui aussi près de Muret.

Le camp des partisans de Pierre II était installé à trois kilomètres de Muret sur des hauteurs dominant la plaine ; le comte de Toulouse et le roi d'Aragon divergent sur la tactique à suivre : le premier propose d'attendre l'attaque dans le camp alors que le second décide de sortir de celui-ci et d'attaquer, en profitant de sa supériorité numérique (2 000 combattants à cheval contre 900 chez les croisés).

Pierre II est tué dès le début du combat, ce qui entraîne la panique dans le camp aragonais, d'autant que la cavalerie des croisés (essentiellement des Français) attaque aussitôt l'infanterie adverse qui se dirigeait vers Muret et la refoule vers la Garonne : la moitié des fantassins (soit 15 000 à 20 000 hommes sur 40 000) périssent, massacrés ou noyés.

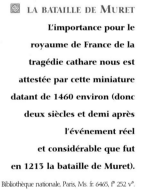 **LA BATAILLE DE MURET**
L'importance pour le royaume de France de la tragédie cathare nous est attestée par cette miniature datant de 1460 environ (donc deux siècles et demi après l'événement réel et considérable que fut en 1213 la bataille de Muret).

Bibliothèque nationale, Paris, Ms. fr. 6465, f° 252 v°.

L'ACHÈVEMENT
DE LA CONQUÊTE
(1214-1215)

Privé de tout appui significatif avec la disparition du roi d'Aragon, Raymond VI est sans ressource face à la montée en puissance de Simon de Montfort.

Celui-ci part d'abord en direction du pays de Foix puis vers la Provence à travers le bas Languedoc et la vallée du Rhône ; la raison de ces chevauchées : les seigneurs et les populations, malgré l'issue de la bataille de Muret, ne se soumettent pas facilement et même se révoltent. Les choses ne sont donc pas vraiment réglées et même une véritable nouvelle armée aragonaise s'installe près de Narbonne ; elle est repoussée mais un nouvel obstacle, politique cette fois, se dresse sur la route vers la domination du Languedoc : le pape.

En janvier 1214, Innocent III a nommé un nouveau légat, Pierre de Bénevent, qui va se substituer à Arnaud-Amaury dont le comportement au fil des années s'est beaucoup écarté des instructions pontificales. Il est muni des pleins pouvoirs et doit faire appliquer les principes qu'Innocent III avait édictés dès 1209 : aucun tort ne doit être fait à ceux qui, en prêtant serment de paix, ont rejeté la cause hérétique et se sont ainsi placés sous la protection de la papauté. Il est évident que le respect de ces principes ne va pas dans le sens des ambitions de Simon de Montfort.

Du reste, la situation devient à nouveau difficile pour celui-ci : Raymond VI assiège Moissac tenu par les croisés, le roi d'Angleterre Jean sans Terre se dirige vers l'Agenais (terres que le comte de Toulouse tient de lui, on l'a vu plus haut) et reçoit l'hommage des seigneurs qui avaient été contraints de prêter serment au chef de la croisade.

Le nouveau légat s'efforce d'appliquer les instructions du pape et y réussit mieux que

TEXTE DE LA SOUMISSION DE RAYMOND VI, COMTE DE TOULOUSE, REMISE AU LÉGAT DU PAPE EN AVRIL 1214

« Moi, Raymond, par la grâce de Dieu duc de Narbonne, comte de Toulouse, marquis de Provence, je me donne à Notre-Seigneur et à la Sainte Église romaine, et à vous seigneur Pierre, cardinal diacre, légat du Siège Apostolique ; je vous livre ma personne dans le dessein d'exécuter et d'observer fidèlement, de tout mon pouvoir, tous les ordres quels qu'ils soient, que le Seigneur Pape et la miséricorde de votre Sainteté jugeront bon de me donner. Je travaillerai efficacement à ce que mon fils, avec toutes les terres qu'il détient et possède, se mette entre vos mains, et vous livre sa personne et ses domaines, ou tout ce qu'il vous plaira de ses domaines, afin qu'il observe fidèlement, selon son pouvoir, les ordres du Seigneur Pape et les vôtres. Fait à Narbonne, au mois d'avril, mercredi, l'an 1214 de l'Incarnation du Seigneur. »

Texte cité par M. Roquebert, L'Épopée cathare, tome III, p. 262-263.

🔲 Cette photo des gorges de Galamus dans les Corbières à proximité de Puilaurens donne une idée du cadre géographique dans lequel se sont déroulés les combats entre cathares et croisés ; le château de Puilaurens défendu par ces abords difficiles résista jusqu'à la moitié du XIIIe siècle.

ses prédécesseurs ; il obtient ainsi le serment de paix de Narbonne, des comtes de Comminges et de Foix et cela sans chevauchée militaire (avril 1214) : aucun croisé n'assiste au serment de Narbonne.

Il obtient également la soumission de la ville de Toulouse qui se désolidarise complètement du comte de Toulouse et de son fils, et celle de Raymond VI lui-même. Cela fut fait sans humiliation publique : Pierre de Bénevent, visiblement, recherchait plus l'efficacité que la vengeance et ce trait le différencie sensiblement d'Arnaud-Amaury. La politique de Simon de Montfort, elle, restait celle de la force. Les renforts ne lui manquaient pas puisqu'avec la belle saison de nouveaux contingents s'étaient rassemblés et parvenaient entre Béziers et Pézenas ; Simon de Montfort en profita pour conquérir Quercy, Agenais, Périgord, Rouergue (en continuant la série de ses « exploits », tel le bûcher pour sept hérétiques à Morlhon, au sud d'Albi). Cette chevauchée a lieu de mai à la fin novembre 1214, avec son cortège de destructions et de massacres. Mais ce faisant, Simon de Montfort viole une fois de plus le cadre fixé par le pape : par exemple, il usurpe la fonction de suzerain dans le Rouergue.

Un épisode très significatif des sentiments qu'inspire le chef militaire de la croisade se produit à ce moment ; un concile se réunit à Montpellier en janvier 1215 ; il doit s'efforcer de tirer en quelque sorte un trait en réglant par accord entre les prélats et les seigneurs les problèmes « de la paix et de la foi », en tenant compte des serments obtenus par le légat ; c'est un bien vaste programme, d'autant que les positions des croisés (qui ont pris l'habitude de s'emparer de seigneuries au nom de la lutte contre l'hérésie) et celles du pape apparaissent contradictoires. Or, la ville de Montpellier qui a conquis une véritable autonomie politique à la faveur des malheurs survenus à son suzerain théorique, le roi d'Aragon, s'oppose absolument à l'entrée de Simon de Montfort dans ses murs, d'où une situation assez étrange : le tout-puissant chef militaire ne participe pas directement au concile, campant en dehors de la

ville et s'entretenant avec les prélats quand ceux-ci s'absentent des réunions.

Nouvelle complication dans ce déroulement des faits bien complexe et parfois difficile à suivre : le concile décide à l'unanimité que Simon de Montfort doit devenir le chef suprême de Toulouse, des domaines du comte de Toulouse et des terres conquises par les croisés ! Cela ferait de lui un seigneur plus puissant que le roi de France, exerçant son autorité des Pyrénées centrales aux Alpes et à la Dordogne ; une telle proposition faisait fi à la fois des intentions du pape et des règles du droit féodal puisqu'on oubliait purement et simplement les droits des suzerains suprêmes (rois de France, d'Angleterre, d'Aragon et même empereur).

Devant une telle énormité qui ne faisait du reste que refléter l'ambition devenue démesurée de Simon de Montfort, Pierre de Bénevent réagit avec netteté par un refus, au nom des pouvoirs que lui avait attribués le pape : obtenir le serment de paix des hérétiques mais pas inféoder leurs seigneuries à Simon de Montfort.

Bien entendu, le concile fit appel au pape pour qu'il donne une réponse positive, contredisant celle du légat ; entre-temps, Innocent III avait reçu Raymond VI et lui avait accordé l'absolution contre la remise au pape de ses terres et de ses droits. D'où une réponse dilatoire du pape au concile, renvoyant la décision au grand concile qui est prévu à Latran en 1215. D'ici ce concile, Simon de Montfort allait continuer sa même politique de force, voulant visiblement mettre le pape devant des faits accomplis, irréversibles. Il va en particulier utiliser la caution morale et l'autorité d'un acteur de l'affaire cathare qui n'est pas encore apparu directement sur la scène mais qui va le faire avec une arrière-pensée, celle d'agrandir la puissance de son royaume : le roi de France.

Philippe Auguste avait toujours refusé jusque-là d'intervenir directement et en particulier de participer à la croisade ; face aux multiples demandes insistantes d'Innocent III, il a toujours argué des difficultés extérieures : lutte contre le roi d'Angleterre, lutte contre un des candidats à la couronne impériale germa-

Le château d'Usson a servi de refuge à des prélats cathares, y compris après la chute de Montségur.

nique. Mais en juillet 1214, les hypothèques sont levées avec la victoire de Bouvines. Or, la mainmise, qu'il redoute, de la papauté sur le domaine albigeois l'inquiète car Philippe Auguste, tout comme les autres rois de France, ne peut admettre la théorie théocratique.

L'entrée en scène du roi de France va se faire par deux actes, tous les deux très significatifs. D'une part, Philippe Auguste accorde, pendant le concile, sa protection à la ville de Montpellier, ce qui est une façon habile et efficace de marquer le terrain. D'autre part, il autorise son fils Louis (le futur Louis VIII) à participer à la croisade pour une quarantaine (ost). Comme on va le voir, cette venue va favoriser de manière très efficace les vues politiques de Philippe Auguste, d'autant que Simon de Montfort ne bénéficie pas de la totale confiance du pape et que les dissensions se multiplient entre le chef militaire et l'ancien chef religieux, c'est-à-dire Arnaud-Amaury qui s'est proclamé duc-archevêque de Narbonne. L'entrée dans Toulouse de Simon de Montfort, de Louis et du légat semblait pourtant donner entièrement raison au chef militaire.

Le concile de Latran (1215)

Innocent III, en convoquant un concile particulièrement ample, n'avait pas pour seul objectif de régler une fois pour toutes le problème cathare ou plus exactement les problèmes politiques nés d'une solution militaire apportée au problème religieux. Son but était beaucoup plus général puisqu'il s'agissait de rétablir l'Eglise dans l'état où elle devait être, c'est-à-dire avec un clergé ayant un mode de vie strict et proche des ouailles ; le concile s'occupe donc de discipline ecclésiastique mais aussi de dogme (celui de la Trinité en particulier) et de politique religieuse (c'est de ce concile que date l'obligation pour chaque fidèle de se confesser au moins une fois par an).

Mais pour s'en tenir à l'affaire cathare, on doit retenir de ce concile à la fois une absence et une décision.

LE QUATRIÈME CONCILE DE LATRAN

Ce concile, quatrième du nom, se réunit en 1215. Il s'agit d'une réunion extrêmement importante par les décisions qui y furent prises. Y prirent part 71 archevêques, 410 évêques, 800 abbés, les Patriarches de Jérusalem et de Constantinople, en présence de nombreux représentants des rois et des grandes cités.

Dans l'esprit d'Innocent III, l'objectif du concile était au départ de relancer la Croisade en Terre sainte (qui avait subi un échec en 1212) et de pousser à de vastes réformes internes. Ceci revenait en fait à examiner toute une série de problèmes politiques liés aux relations de l'Eglise et à ses interventions dans l'empire germanique, en France et en Angleterre et aussi bien sûr en Occitanie, puisque la Croisade dite des Albigeois avait débuté en 1209.

C'est ce concile qui a édicté l'obligation pour tout chrétien de se confesser au moins une fois par an, l'obligation pour les Juifs de porter des vêtements différents de ceux des chrétiens.

La question de l'hérésie cathare fut abordée par le biais de l'appel fait au Pape par le comte de Toulouse pour obtenir l'annulation de la condamnation dont il a été l'objet ; celle-ci fut confirmée avec le transfert des biens à Simon de Montfort, le maintien du principe de l'expropriation des complices des hérétiques et l'exil du comte de Toulouse.

Il faut noter que le concile ne condamna pas (et ne fit même aucune allusion aux massacres déjà perpétrés) les moyens mis en œuvre par les Croisés pour faire revenir les populations occitanes à la religion chrétienne.

Absence de toute critique à l'égard des méthodes barbares utilisées dans leurs chevauchées par les Croisés ; aucun regret n'est exprimé. On ne peut s'en étonner dans la mesure où à l'époque la voix du pape ne pouvait s'imposer à tout un concile ; or la majorité des participants était largement favorable à Simon de Montfort et approuvait ses méthodes.

C'est cette même majorité qui imposa ses vues au pape et transféra le titre de comte de Toulouse de Raymond VI entièrement déchu de ses droits, à Simon de Montfort. Etaient seulement mis sous séquestre par le Pape certains domaines tels que le Venaissin pour être remis ultérieurement au fils de Raymond VI ; tout le reste revenait à Simon de Montfort, sous la réserve (droit féodal) que celui-ci devait être investi de ses droits par Philippe Auguste, suzerain supérieur.

C'est en avril 1216 que cette formalité fut remplie à Pont-de-l'Arche (Eure) : Simon de Montfort avait réussi… mais le roi de France avait également réussi à se placer au premier plan du règlement territorial de l'affaire albigeoise. Au niveau de la région, sur le plan religieux et politique, rien en fait n'était réglé : l'église cathare survivait et la volonté d'indépendance des populations allait se manifester.

LA RÉVOLTE : SUCCÈS ET REVERS (1216-1225)

On aurait pu croire que la déchéance quasi complète de Raymond VI et la mise en place sur une base juridique solide de Simon de Montfort allaient conduire à une période de paix, même si celle-ci était imposée et non pas approuvée par tous.

Les succès et la victoire du comte de Toulouse

C'est d'Avignon qu'allait partir un vaste mouvement de révolte : en mai 1216, la ville

🔷 **Paysage des Corbières.**

d'Avignon, en présence de Raymond VI et de son fils, se prononce en faveur d'une campagne militaire pour leur rendre Toulouse et le « légitime héritage ». Ce mouvement, de nombreux textes l'attestent, a une tonalité « nationale », si l'on peut dire : s'y exprime l'idée très forte d'une communauté de langue, d'esprit, de culture qui ne peut admettre la manière avec laquelle la papauté, l'Eglise et les « Français » ont réglé les problèmes.

Les ralliements se multiplient très vite : seigneur d'Orange, comte de Valentinois, la majorité des villes de la vallée du Rhône. Parmi ces révoltés, des vaincus de la croisade bien sûr mais aussi des personnalités jusque-là sur la réserve ou même favorables à l'Eglise.

Premier objectif de cette armée occitane : la prise de Beaucaire (la ville où est né le fils du comte de Toulouse, Raymond le Jeune) qui est tenue par les croisés ; les Occitans encerclent le château, fortifient la ville proprement

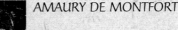

AMAURY DE MONTFORT

Fils aîné de Simon de Montfort, il épouse en 1213 la fille unique d'André de Bourgogne, à ce titre héritière du Dauphiné ; à la mort de son père en 1218, il reprend à son compte la direction des opérations militaires mais doit faire face à une situation de plus en plus difficile.

En 1226, Amaury cède tous ses droits sur les territoires conquis au roi de France dont il devient en 1227 le connétable ; il doit en 1239 renoncer à ses droits sur le comté de Leicester en Angleterre (vestige de la conquête normande) ; finalement, après tant d'aventures et de drames, il n'est plus que seigneur de la seigneurie que possédait son père en Ile-de-France avant de partir contre les cathares. Il partit pour la croisade en 1242, fut fait prisonnier devant Gaza, libéré deux ans après grâce à la rançon payée par le pape et mourut au retour à Otrante (au bout de la « botte » italienne).

dite ; les croisés ne peuvent ni libérer le château ni reprendre la ville (août 1216).

Pendant ce temps, Toulouse se soulève : Simon de Montfort procède à sa mise à sac en septembre 1216. Cela n'empêche pas l'entrée en fanfare de Raymond VI dans sa capitale, un an après ; entre-temps, le feu de la révolte a continué à se diffuser, vers Carcassonne, dans les Corbières, en Provence, dans la vallée du Rhône ; c'est ainsi que de juin à septembre 1217, avec les renforts de croisés venus comme d'ordinaire pour une quarantaine en belle saison, Simon de Montfort remonte le fleuve jusqu'à Montélimar et au-delà.

La reprise de Toulouse par Raymond VI constituait un grave revers pour Simon de Montfort ; le chef des croisés décida donc d'assiéger la ville pour s'en emparer : pour la première fois, le choc entre Occitans et « Français », avec la présence physique de leurs chefs, était direct.

Le siège dura d'octobre 1217 à juin 1218 : le 25 juin, Simon de Montfort meurt, tué par le choc d'une pierre qui l'atteint à la tête lors d'un combat. Le légat désigne son fils Amaury comme successeur de son père mais l'élan des croisés est coupé avec la perte de cet être doté d'un immense charisme qu'était Simon de Montfort. A la fin juillet, le siège est levé.

Un tel échec des croisés renforça la volonté de résistance des Occitans, d'autant qu'avec l'arrivée de l'automne, le même problème lancinant qu'avait connu son père allait se poser à Amaury de Montfort : comment tenir une si vaste région avec un effectif de chevaliers qui décroît brutalement en automne avec le retour des croisés vers leur résidence habituelle, la quarantaine terminée ?

Au début de 1219, Amaury engage le siège de Marmande alors que Montpellier et Nîmes se rallient à Raymond VI et son fils.

Devant la gravité de la situation, le roi de France intervient par l'intermédiaire de son fils Louis avec un fort contingent de chevaliers et d'archers ; il attachera son nom au massacre de Marmande, massacre délibérément perpétré après la prise de la ville (mai 1219) ; Louis se retirera du reste de la croisade en août après l'échec d'un siège de Toulouse, à la limite de sa quarantaine.

La révolte continue et s'amplifie : Amaury perd peu à peu tous les territoires face à Raymond VII dont le père (Raymond VI) est décédé en août 1222. Une tentative d'accord entre les deux parties échoue puis un accord est enfin signé devant Carcassonne entre les comtes de Toulouse et de Foix d'une part, Amaury de Montfort d'autre part (janvier 1224). La première

LE MASSACRE DE MARMANDE (MAI 1219)

Le massacre de Marmande a été perpétré dans des conditions assez proches de celles du massacre de Béziers en 1209 par les croisés français ; il s'agissait encore de faire peur mais cette fois la décision fut préméditée et débattue en conseil avant l'attaque avec notamment le fils de Simon de Montfort, Amaury, qui put assouvir une véritable soif de vengeance après la mort de son père devant Toulouse. Ainsi périrent environ 5 000 personnes, en présence du prince Louis, fils de Philippe Auguste.

« [...] Alors commencent le massacre et l'effroyable boucherie. Les barons, les dames, les petits enfants, les hommes, les femmes, dépouillés et nus, sont passés au fil de l'épée. Les chairs, le sang, les cervelles, les troncs, les membres, les corps ouverts et pourfendus, les foies, les cœurs, mis en morceaux, brisés, gisent par les places comme s'il en avait plu. Du sang répandu, la terre, le sol, la rive sont rougis. Il ne reste homme ni femme jeune ou vieux : aucune créature n'échappe à moins de s'être tenue cachée. La ville est détruite, le feu l'embrase. »

Extrait de la Chanson de la croisade albigeoise par Guillaume de Tudèle, chapitre CCXII, 9306-9321.

SCEAU DE RAYMOND VII, COMTE DE TOULOUSE
Raymond VII, *comte de Toulouse* dont on voit ici le sceau doit capituler devant l'intervention du roi de France et céder son domaine. Archives nationales, Paris.

Le château de Padern est situé entre ceux de Quéribus et d'Aguilar, entre Perpignan et Narbonne ; il fut occupé par les croisés ; le seigneur du lieu était partisan du comte de Toulouse et participa à la défense de Toulouse en 1219.

TEXTE DE L'ACCORD QUI MET FIN À LA PREMIÈRE CROISADE CONTRE LES ALBIGEOIS
(SIGNÉ DEVANT CARCASSONNE LE 14 JANVIER 1224)

« Voici les conventions passées entre nous, comtes de Toulouse et de Foix d'une part, le comte Amaury et les siens d'autre part.

Au sujet des promesses que nous avons faites en vue d'obtenir la paix de la Sainte Eglise Romaine et du comte Amaury, ce dernier doit consulter ses amis de France, faire ce qu'ils lui conseilleront, œuvrer de bonne foi pour que nous obtenions la paix de l'Eglise et la sienne, ne pas y faire obstacle en quoi que ce soit, et nous donner une réponse avant la Pentecôte prochaine (3 juin) sur ce qu'il y aura lieu de faire à ce sujet.

Jusqu'à cette date, toutes les églises devront rester en l'état actuel, et conserver en paix tout ce qu'elles possèdent, spécialement le seigneur archevêque de Narbonne et ses suffragants, le seigneur évêque d'Agen, tous les autres prélats du pays et les clercs, où qu'ils soient.

Narbonne, Agde, Penne d'Albigeois, La Roque de Valsergue, Termes, et toute la terre que tient Amaury, ou qui est tenue en son nom, à l'exception de Carcassonne, de Minerve et de Penne d'Agenais, demeurent sous la sauvegarde de la trêve pendant les deux prochains mois. C'est-à-dire que nous n'attaquerons pas ni ne permettrons qu'on attaque les biens ni les personnes qui tiennent ces châteaux et ces villes ; nous ne récupérerons ni ces châteaux ni ces domaines, si ce n'est de la volonté de ceux qui les gardent et de ceux qui les habitent.

Nous pourrons entrer dans Narbonne et dans Agde autant que nous le voudrons, à condition de ne pas attenter aux droits des églises ni des habitants de ces cités, de n'exercer aucune violence, et de ne pas récupérer nos droits sur ces cités avant deux mois.

Nous devrons rendre leurs héritages tant aux chevaliers qu'à tous ceux qui ont été dépossédés pour avoir adhéré au parti du comte Amaury, spécialement aux habitants de Béziers, de Narbonne et de Carcassonne, ainsi qu'à Amanieu d'Albret, Raymond de Capendu, Raymond-Bernard de Rovignan, Bérenger de Montlaur, la comtesse de Rodez et son fils, et Raymond-Arnaud de Saissac, du mieux que nous pourrons, sans violence et de bonne foi. Nous ne leur ferons aucun tort pour avoir adhéré au parti du comte, à condition cependant qu'ils nous jurent fidélité et nous demeurent fidèles.

Nous promettons enfin de donner au comte Amaury, dans les délais fixés par lui et par nous, dix mille marcs d'argent, s'il obtient la paix complète de l'Eglise pour nous et pour nos alliés. »

HISTOIRE GÉNÉRALE DE LANGUEDOC, par dom Vaissère, Privat, 1872 et années suivantes, VIII, n° 229.

croisade était finie et après tant de destructions, de massacres et de souffrances, la situation semblait revenue au point où elle en était en 1208 (même le fils du vicomte de Béziers-Carcassonne, Trencavel, retrouvait son domaine).

Mais la papauté ne voulut pas évidemment se satisfaire d'un accord qui marquait sa défaite ; le nouveau pape, Honorin III, demanda au nouveau roi de France, Louis VIII, de reprendre au plus tôt le drapeau de la croisade ; il le fit avant même que l'accord de Carcassonne ne soit signé, en décembre 1223.

Vers une deuxième croisade

Pour intervenir et conduire une croisade, Louis VIII (février 1224) pose des conditions qui révèlent le caractère fondamentalement politique de sa démarche ; la mémoire collective n'a pas retenu grand-chose de la vie et des actes de ce roi placé entre deux figures emblématiques, Philippe Auguste et Saint Louis, mais il est tout à fait significatif de la haute idée qu'ont eue les rois de France de leur fonction d'agrandisseur du domaine royal initial qu'était l'Ile-de-France.

En effet, Louis VIII demande (entre autres conditions) que le pape lui assure la prolongation de la trêve avec le roi d'Angleterre, la confirmation par écrit de la transmission à lui-même des terres confisquées et la nomination comme légat de l'archevêque de Toulouse.

Bien entendu, le pape ne pouvait accepter une telle procédure car cela aurait abouti à tirer un trait sur l'autonomie d'action de l'Eglise en Albigeois et plus profondément à abandonner tout l'acquis des papes en matière de théocratie. Après un temps de réflexion et un certain rapprochement avec Raymond VII qui, évidemment, ne pouvait voir qu'avec inquiétude la reprise d'une croisade, le pape fit connaître en avril qu'il renonçait à son idée de croisade contre les Albigeois pour concentrer

LES CONDITIONS POSÉES PAR LOUIS VIII POUR CONDUIRE LA CROISADE CONTRE LES HÉRÉTIQUES (FÉVRIER 1224)

« Le roi demande que lui-même et tous ceux qui iront avec lui en Albigeois bénéficient de la même indulgence et remise des péchés que les Croisés d'outre-mer.

Item - Le roi demande que les archevêques de Bourges, de Reims et de Sens aient les pleins pouvoirs pour excommunier les personnes et jeter l'interdit sur les terres de tous ceux, du royaume de France ou étrangers, qui menaceront ou attaqueront le roi de France ou les personnes ou les terres de ceux qui iront avec lui ; de même envers ceux qui se feraient la guerre entre eux dans le royaume de France, à moins que sur ordre du roi ils conviennent d'une paix ou d'une trêve.

Item - Le roi demande que les susdits archevêques aient le pouvoir de contraindre par l'excommunication et l'interdit ceux qui se seront engagés à aller avec lui en Albigeois ou à y demeurer, à payer les sommes dont ils seront convenus.

Item - Le roi demande qu'ils aient le pouvoir d'excommunier les personnes et de jeter l'interdit sur les terres des barons de France et de ses autres vassaux qui, ne partant pas en personne avec lui pour l'Albigeois, ou ne pouvant partir, ne paieraient pas une contribution suffisante pour chasser d'Albigeois les ennemis de la Foi et du royaume ; ils sont en effet tenus par hommage et serment de servir le roi contre les ennemis du royaume ; or le royaume n'a pas de plus grands ennemis que les ennemis de la Foi. Les susdites sentences ne pourront être levées qu'après satisfaction convenable.

Item - Le roi veut et demande que la trêve dont le pape, le roi de Jérusalem et le roi d'Angleterre demandent la prorogation, soit prolongée de dix ans, entre lui et ses héritiers d'une part, le roi d'Angleterre et ses héritiers d'autre part [...] parce que le roi ne sait pas combien durera cette affaire, et qu'il en coûtera, à lui et au royaume, de l'argent et des hommes.

Item - Le roi demande que le seigneur pape lui confirme par lettres patentes la confiscation : du comté de Toulouse, de toute la vicomté de Béziers et de Carcassonne, de toutes les terres du royaume appartenant à tous ceux qui ont ouvertement combattu avec eux ou pour eux, comme à tous ceux qui s'opposent ou s'opposeraient à cette affaire, et qui font ou qui feraient la guerre. Que tous lesdits domaines lui soient confirmés à perpétuité, à lui, à ses héritiers et à ceux à qui il donnera s'il veut en disposer, sous la réserve qu'hommage lui soit fait, à lui et à ses héritiers, en tant que seigneur supérieur.

Item - Le roi demande qu'on lui donne pour légat l'archevêque de Bourges, avec, entre autres pouvoirs, celui de réconcilier tous ceux qui donneraient à l'Eglise satisfaction convenable.

Item - Les dépenses étant immenses et non chiffrables, le roi demande que l'Eglise romaine lui fournisse chaque année pendant dix ans soixante mille livres parisis, pour être employées au profit de ce pays.

Si tous ces articles sont garantis et confirmés au roi, le roi ira en personne en Albigeois et travaillera de bonne foi à cette affaire. La Curie romaine devra laisser à lui-même et à ses héritiers la liberté de demeurer dans le pays, comme d'y aller ou d'en revenir à volonté.

Pour exposer ces demandes à la Curie romaine et les faire agréer, le roi envoie ses chers féaux l'archevêque de Bourges et les évêques de Langres et de Chartres. Si elles ne sont pas agréés par retour du courrier, le roi ne sera tenu d'aller en Albigeois que s'il le veut. »

HISTOIRE GÉNÉRALE DU LANGUEDOC, par dom Vaissère, VIII, n° 236.

Durfort (Tarn).

ses efforts en direction d'une croisade en Terre sainte à laquelle doit participer Frédéric II, empereur romain germanique (celui que le pape Innocent III et le roi Philippe Auguste avaient soutenu contre son concurrent Otton). Louis VIII prit acte de ce changement.

Ces volte-face ont intrigué les historiens et diverses explications ont été avancées ; pour s'en tenir aux faits patents, il est évident que la nouvelle position du pape renforçait celle de Raymond VII et allait à l'encontre de la volonté française de s'emparer du Languedoc.

Manœuvres diplomatiques, propositions et contre-propositions, négociations officielles et secrètes, tout ce processus entre les parties prenantes au conflit (papauté, comte de Toulouse, fils de Simon de Montfort, roi de France) durèrent près de deux ans avec un concile à Bourges qui connut plusieurs développements imprévus.

LA « SOLUTION FRANÇAISE » (1226-1229)

En fin de compte, en janvier 1228, Louis VIII fit adopter par un parlement réunissant toutes les grandes familles seigneuriales de France (27 représentants), des archevêques (5) et des évêques (en grand nombre), le principe de cette croisade avec pour corollaire la condamnation de Raymond VII par le légat, la cession à Louis VIII de tous les droits du comte de Toulouse sur le pays albigeois et la dévolution officielle de ces terres à Louis VIII ; celle-ci ne fut pas expressément indiquée dans le texte qui est en quelque sorte le manifeste du clergé de France en faveur de la croisade ; mais peu importe, toutes les conditions religieuses et juridiques étaient réunies pour que cette croisade marque une expansion territoriale du royaume de France en pays d'oc.

DÉCLARATION DES GRANDS PRÉLATS DE FRANCE À L'OUVERTURE DE LA DEUXIÈME CROISADE CONTRE LES ALBIGEOIS (JANVIER 1228)

« Louis, illustre roi des Français, s'étant chargé de l'affaire de la Croix contre les hérétiques albigeois, pour l'extirpation de la perversion hérétique, nous l'avons pris sous la protection de l'Eglise, lui-même, sa famille, son royaume, et tous ceux qui iront et travailleront avec lui à cette affaire, aussi longtemps qu'ils seront au service du Christ.

Par l'autorité du Seigneur tout-puissant, par celle des saints Pierre et Paul, et par la nôtre, nous leur accordons l'indulgence dont bénéficient les croisés du pays de Jérusalem, comme l'avait stipulé le concile du Latran.

Nous avons excommunié, et dénonçons comme excommunié, Raymond, fils de Raymond ci-devant comte de Toulouse, ses partisans, ses complices et tous ceux qui lui fourniraient conseil contre l'Eglise, la foi chrétienne et le roi de France, qui œuvre pour défendre cette foi.

Nous excommunions de même tous ceux qui attaqueraient ou envahiraient le royaume de France, qu'ils soient du royaume ou qu'ils soient étrangers. Nul ne sera relevé de la sentence d'excommunication tant qu'il n'aura pas fait satisfaction convenable au roi et aux siens pour les torts et les dommages, et tant que n'auront pas quitté le royaume les belligérants ou les envahisseurs venus de l'étranger.

Nous excommunions de même tous ceux du royaume de France qui se feraient la guerre entre eux, à moins qu'ils ne concluent trêve ou paix sur l'ordre du seigneur roi. »

HISTOIRE GÉNÉRALE DU LANGUEDOC, par dom Vaissère, VIII, n° 244-1.

Cordes–sur–Ciel est situé dans le Tarn, au nord d'Albi. Il s'agit d'un lieu exceptionnel à plusieurs titres : par sa forme générale car c'est une bastide fortifiée dont il subsiste une porte (ci–contre) et par son caractère profondément cathare dont on peut voir de nombreux vestiges.

Photos Jean-Pierre Bouchard.

C'est à Bourges que le rassemblement des troupes a lieu (mi–mai) ; la seule annonce de l'arrivée des forces royales auxquelles Philippe Auguste, par la victoire somme toute récente de Bouvines (1214), avait donné un lustre particulier eut, semble-t-il, un effet de terreur sur les villes et les seigneurs qui avaient peu de temps auparavant juré fidélité à Raymond VII ; l'itinéraire de la croisade était le même que celui de 1209 mais les forces mises en œuvre étaient plus considérables.

On peut cependant être perplexe devant ces serments répétés et contradictoires que les villes et les seigneurs prêtent à des puissances opposées à si peu de temps d'intervalle. Certains ont avancé pour explication que le fondement religieux de la révolte occitane, à savoir la religion cathare, se serait beaucoup affaibli. Mais à l'inverse, des documents analysés par un grand spécialiste, Michel Roquebert (voir la bibliographie en fin d'ouvrage), font apparaître que précisément en 1226, à Pieusse-en-Razès, près de Limoux, se tint un concile cathare qui décida la création d'un évêché cathare du Razès, en plus des quatre existant déjà ; l'état de faiblesse de l'église cathare ne saurait être la bonne explication ; celle de la peur pure et simple non

plus. Ne serait-ce pas plutôt l'idée que l'arrivée d'un prince aussi puissant et aussi quasi mythique que le roi de France permettait enfin d'assurer une paix stable, quitte à ce que l'identité occitane y perde de sa substance ? De plus, la préparation diplomatique de la croisade avait été efficace puisque Louis VIII était assuré que ni le roi d'Aragon ni celui d'Angleterre n'interviendraient.

La chevauchée de Louis VIII
(mai à novembre 1226)

A partir de mars 1226, les ralliements et les serments de fidélité se multiplient mais Raymond VII multiplie également les actes par lesquels lui-même, ses vassaux et les villes s'engagent à résister à la croisade et au roi de France. Une volte-face eut des conséquences importantes : celle d'Avignon, qui avait d'abord exprimé sa volonté d'accueillir la croisade et qui à l'arrivée de celle-ci (début juin) opposa une vraie résistance, d'autant plus délicate à surmonter que la ville d'Avignon

relevait du domaine impérial germanique ; or, l'empereur Frédéric II n'avait aucune raison particulière, bien au contraire, de satisfaire une demande pontificale. Finalement, Avignon capitule en septembre 1226.

Ce répit, ou plutôt ce retard, pour la chevauchée de la croisade permit cependant à Louis VIII de réunir de nouvelles et multiples promesses de fidélité : Nîmes, Castres, Carcassonne. Dès la chute d'Avignon, Louis VIII avait pris une décision très significative en créant, avec pour siège le château de Beaucaire, une sénéchaussée (c'est-à-dire un gouvernement civil et militaire, royal donc

LA REDDITION
DE LA VILLE D'AVIGNON AU
ROI LOUIS VIII EN 1226

Tout comme l'illustration de la page 69, cette miniature, bien que datant de 1460 environ, se réfère à un épisode de la tragédie cathare ; mais cette fois il s'agit d'un épisode moins sanglant que d'autres : la reddition, sous forme d'hommage dans le contexte féodal, de la ville d'Avignon au roi Louis VIII en 1226. Rappelons que cette ville dépendait du domaine impérial germanique et qu'il n'est pas certain que la forme de l'hommage au roi de France en guise de capitulation ait réellement pu avoir lieu dans cette ville ; Louis VIII ne put du reste y installer une garnison militaire et fit construire une forteresse à Villeneuve–lès–Avignon tout en créant à Beaucaire une sénéchaussée civile et militaire, dépendant directement de lui, en dehors du système féodal.

Bibliothèque nationale, Paris,
Ms. fr. 2813, f° 266 v°.

Page de gauche.

Le château de Peyrepertuse, magnifique site fortifié.

en dehors du réseau féodal), ce qui marquait bien sa volonté d'incorporer purement et simplement au domaine royal de France l'ensemble du bas Languedoc (Beaucaire, Nîmes) ; c'est aussi à ce moment que, pour tourner la difficulté majeure que constituait l'impossibilité d'installer une garnison militaire française en Avignon (terre d'empire), il fonda la forteresse qui allait devenir Villeneuve-lès-Avignon (il la fit construire avec de l'argent versé par Avignon vaincue).

Puis ce fut la chevauchée : Béziers, Carcassonne (avec création d'une autre sénéchaussée royale, celle de Béziers-Carcassonne), Pamiers, Castelnaudary, Puilaurens, Lavaur, Albi. Très fatigué et malade, Louis VIII mourut sur le che-

Humbert de Beaujeu

Ce représentant de Louis VIII puis de Louis IX dans le pays albigeois à partir de 1226 appartenait à une famille noble de la région de Villefranche. Son père Guichard IV le Grand mourut en 1216 au siège de Douvres, après avoir accompagné le prince Louis (futur Louis VIII) dans sa croisade albigeoise. Hubert ou Humbert V dirigea l'armée française en Albigeois, en particulier devant le siège de Montségur ; on sait peu de choses de lui si ce n'est qu'il accompagna ensuite Baudoin de Courtenay à Constantinople et qu'il fut fait connétable par Saint Louis ; il mourut en Terre sainte en 1250.

Le château de Quéribus, refuge protégé et inviolé de cathares.

La reprise des combats

Presque immédiatement après le décès de Louis VIII, la rébellion éclate ; pour y faire face, la régente Blanche de Castille (puisque le fils qu'elle a eu avec Louis VIII est encore mineur) dispose de peu de moyens car certains grands vassaux, qui ne sont pas du Nord, veulent profiter de la situation de régence pour s'opposer au pouvoir central royal.

La rébellion prend des proportions importantes ; encore une fois, les serments prêtés se révèlent illusoires ; il s'agit certes de petits combats, de refus de payer l'impôt royal mais au total une situation trouble où l'église cathare joue un rôle important. Le summum, évidemment, de la crise est atteint lorsque Raymond VII entre dans le conflit ; bien entendu, nouvelle excommunication du comte de Toulouse, déchéance proclamée à nouveau de ses droits féodaux, etc. D'une part, Humbert de Beaujeu maîtrise la révolte dans certaines zones avec les habituelles destructions, massacres et actes de barbarie et d'autre part, Raymond VII étend son empire ; seigneuries et cités sont tour à tour occupées par des forces adverses et c'est toujours la population qui pâtit de ces mouvements (les récits de l'époque parlent d'une destruction systématique des cultures, en particulier de la vigne, par les troupes françaises).

Les forces françaises se renforcent durant l'été 1218 (toujours ce problème de l'alternance saisonnière de l'ost), ce qui a sans doute pesé dans les démarches des deux parties pour tenter de trouver une solution de paix.

Le traité de Paris

Les négociations ne furent pas aisées et surtout, elles furent marquées par un événement dont on n'est pas encore parvenu à démêler les fils. Les pourparlers débutèrent à la fin de 1228 ; un premier projet fut propo-

min du retour à Montpensier (8 novembre 1226), non sans avoir auparavant désigné comme chef de l'armée qui allait rester sur place Humbert de Beaujeu.

Cette chevauchée, qui semblait avoir réalisé les objectifs fixés au départ, s'était déroulée sur le plan politique et juridique de manière tout à fait différente par rapport à la première croisade ; certes, le roi était entouré de ses principaux vassaux, eux-mêmes accompagnés des leurs, mais les décisions prises par le roi, y compris celle de nommer un chef militaire, s'inscrivent dans un cadre autre que féodal : c'est un souverain, chef d'Etat, artisan d'une centralisation et d'un renforcement du pouvoir central qui a agi.

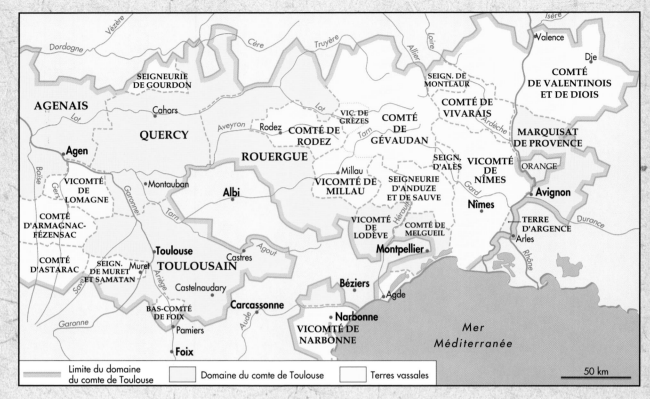

LES ÉTATS DU COMTE DE TOULOUSE AVANT LE TRAITÉ DE PARIS (1229)

sé par la France au début de 1229 ; une conférence réunissant les deux parties fut organisée à Meaux (ville en dehors du domaine royal d'Ile-de-France) sur la base de ce projet, mais en fait celui-ci fut fortement « durci » et le comte de Toulouse dut s'incliner (alors qu'au départ il aurait voulu « adoucir » le texte).

En définitive, on aboutit donc à ce que l'on appelle le traité de Paris (12 avril 1229). Il s'agit d'un document fondamental qui marque, sinon la fin du problème cathare (car on en est loin comme on le verra plus loin), du moins la fin de l'autonomie politique occitane : une page est tournée et une étape très importante de l'histoire du royaume de France est franchie. Analyser même sommairement ce traité est donc nécessaire.

Examinons d'abord ce qui peut paraître étrange aux yeux du lecteur actuel :

Raymond VII avait bien dans le passé été accusé de complicité d'hérésie ; or, il n'est nulle part question ni de la levée de cette accusation, ni du début d'un procès. On pourrait ainsi penser que l'essentiel est politique et non religieux comme auraient pu donner à le croire (mais l'ironie n'est pas de mise si l'on pense aux innombrables morts) tant les déclarations pontificales que les massacres et destructions opérés au nom de celles-ci…

L'essentiel du traité est donc politique :

– cession par le comte au roi de plus de la moitié de son domaine, c'est-à-dire les territoires actuels du Gard, de l'Hérault, une partie de l'Aude, du Tarn et de l'Ariège ;

– maintien pour le comte de la mouvance restante (partie Tarn, Tarn-et-Garonne, Haute-Garonne, Aveyron) et en quelque sorte à titre viager puisqu'un

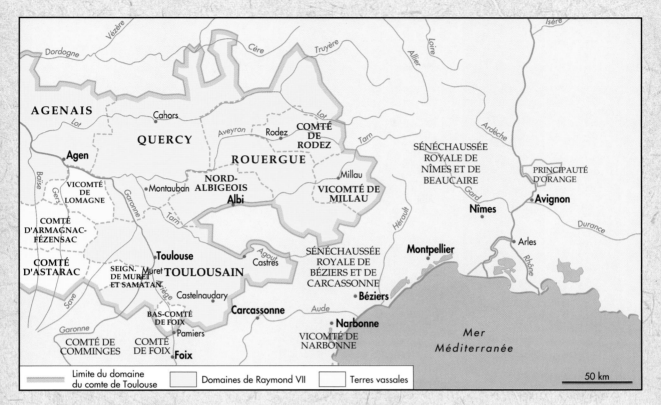

LES ÉTATS DU COMTE DE TOULOUSE APRÈS LE TRAITÉ DE PARIS (1229)

mariage est expressément prévu, celui de la fille unique du comte, Jeanne de Toulouse, avec le frère du roi de France, Alphonse de Poitiers, étant entendu qu'à la mort de celui-ci le tout doit revenir à la France, même si le couple (les deux enfants sont nés en 1220) avait un fils ou si Jeanne, veuve, se remariait.

Ce projet de mariage, essentiellement et même uniquement politique, était aussi une affaire familiale ; Eléonore d'Aquitaine, première femme de Louis VII, avait eu deux filles : Eléonore, mère de Blanche de Castille, grand-mère donc d'Alphonse de Poitiers, et Jeanne d'Angleterre, grand-mère de Jeanne de Toulouse ; de plus, Alphonse de Poitiers est l'arrière-petit-fils de Louis VII dont la sœur Constance a été l'épouse de Raymond V de Toulouse, donc elle est l'arrière-grand-mère de Jeanne de Toulouse (Raymond VII et la régente

Blanche de Castille sont cousins). Le mariage aura lieu en 1237 ;

– reprise par le comte de tous ses droits féodaux (donc annulation de toutes les donations faites par Simon de Montfort et son fils Amaury) ; bien entendu, le comte doit faire allégeance à Louis IX ;

– amnistie générale et réciproque ;

– démantèlement des fortifications de plus de trente villes et châteaux dont Toulouse.

Ainsi défait et lié, le comte de Toulouse subit également deux humiliations : d'une part, celle de la « réconciliation canonique » (comme son père à Saint-Gilles en 1209) et d'autre part il est retenu au Louvre pendant plusieurs semaines afin que les autorités royales françaises s'assurent la mainmise sur les châteaux et que le démantèlement des fortifications débute réellement.

▣ LE TRAITÉ DE PARIS

**Le traité de Paris dont cette
miniature représente une
scène (absolution du comte
de Toulouse Raymond III
par le cardinal de Saint-Ange
en présence de Saint Louis)
marque la fin de l'autonomie
politique du comté
de Toulouse.**

Bibliothèque nationale, Paris.

Le renforcement de l'appareil de répression anticathare

Même si dans le texte du traité de Paris les éléments proprement religieux sont quelque peu occultés, il ne faudrait pas penser qu'ils cessent de se manifester. Deux textes complètent l'arsenal juridique destiné à stimuler la lutte contre les cathares car ceux-ci, et on s'en apercevra rapidement, sont loin d'avoir disparu en cette période qui suit la signature du traité et précède de nouveaux drames.

Le premier de ces textes date de mai 1226 et a été signé par Louis VIII ; il transfère du droit canonique religieux au droit séculier, civil en quelque sorte, la condamnation des hérétiques :

« Nous décidons que les hérétiques qui s'écartent de la foi catholique, de quelque nom qu'on les désigne, une fois condamnés pour hérésie par l'évêque du lieu ou par toute autre personne d'Eglise qui en a le pouvoir, reçoivent sans délai le châtiment mérité. Nous ordonnons et décrétons que quiconque oserait accueillir des hérétiques, les favoriser ou leur apporter quelque aide que ce soit, ne

QUELQUES MESURES CONCRÈTES APPLICABLES
DANS LA LUTTE CONTRE LES CATHARES
(D'APRÈS LE CONCILE DE TOULOUSE DE 1229 ET L'ÉDIT DE RAYMOND VII DE 1233)

— Destruction des habitations où ont vécu ou prêché des hérétiques.

— Obligation pour les repentis de porter les croix de pénitence cousues de manière visible sur les vêtements.

— Obligation pour tout habitant de plus de 12 ans pour les femmes et de 14 pour les hommes de jurer sa foi catholique, sa volonté de dénoncer les hérétiques avec répétition de ce serment tous les deux ans.

— Obligation de se confesser et de communier trois fois par an (Noël, Pâques, Pentecôte).

— Obligation d'assister à la messe le dimanche et les jours de fêtes religieuses (94 jours au total dans l'année).

— Interdiction de posséder chez soi l'Ancien et le Nouveau Testament, même en latin.

— Interdiction de faire son testament en dehors de la présence d'un prêtre ou d'un moine.

LE PAPE GRÉGOIRE IX CONFIE AU NOUVEL ORDRE DES DOMINICAINS LE SOIN DE COMBATTRE LES HÉRÉTIQUES
Pour la place qu'il a occupée dans l'Inquisition, l'ordre des Dominicains a été souvent totalement identifié à celle-ci, ce qui n'est pas tout à fait exact car à l'origine cet ordre avait entrepris de lutter contre l'hérésie essentiellement par la prédication. Il n'en demeure pas moins que c'est à cet ordre que le pape confia la mission de rechercher et de combattre les hérétiques pratiquement par tous les moyens (scène que représente ce document). Bibliothèque Sainte-Geneviève, photo studio Ethel.

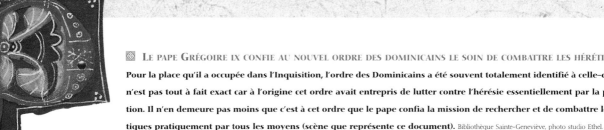

◼ HÉRÉTIQUE AU BÛCHER

**Cette représentation
d'un hérétique au bûcher
est très significative d'un
certain état d'esprit car elle
figure, de manière anecdotique
en quelque sorte, au bas
d'un projet de bulle pontificale
sollicitée (vers 1250)
par Alphonse de Poitiers,
frère de Saint Louis,
qui a mené l'ultime campagne
contre les hérétiques.**

Archives nationales, Paris.

L'HÉRÉSIE CATHARE ET L'INQUISITION

C'est en 1233 qu'a véritablement débuté l'action de l'Inquisition contre les cathares ; en effet, le pape Grégoire IX désigne alors l'archevêque de Vienne (en France) comme légat dans les provinces du Languedoc avec extension au Bordelais, à la Catalogne, etc., avec pleins pouvoirs pour extirper l'hérésie, sans avoir de comptes à rendre à la justice de l'évêque ni à celle du pouvoir civil. Le légat transmit ces pouvoirs exorbitants par les évêchés de Toulouse et d'Albi aux deux Frères prêcheurs (Dominicains) qui furent les premiers inquisiteurs, à savoir Pierre Seila (de Toulouse) et Guillaume Arnaud (de Montpellier).

L'efficacité des tribunaux de l'Inquisition reposait essentiellement sur la terreur qu'ils inspiraient en ne respectant pas les règles habituelles de procédure criminelle. D'après celles-ci, une poursuite ne pouvait être engagée contre une personne que dans trois cas : ou bien un accusateur chargé d'instruire l'affaire avait réuni des preuves du délit ou du crime, ou bien une dénonciation appuyée de témoignages avait été faite au juge, ou bien le délit avait été public et manifeste avec des témoignages attestant ce caractère public et manifeste.

Dans le cas des cathares, le premier et le troisième mécanisme ne jouaient pas, que ce soit par peur ou par solidarité. L'Inquisition utilise donc essentiellement la deuxième voie mais en la rendant plus facile.

En effet, toujours dans la procédure criminelle normale, étaient exclues du droit à la dénonciation les personnes qui, dans le passé, avaient porté préjudice à l'accusé ou l'avaient insulté, tous les membres de la famille, ses serviteurs et tous ceux qui dépendaient de lui ainsi que les excommuniés et les hérétiques. L'Inquisition supprima ces restrictions et facilita donc un flot de dénonciations, intéressées ou non. De plus, la procédure utilisée fut enrichie de deux dispositions aux effets dévastateurs : d'une part, le fait pour un avocat de défendre un hérétique faisait de lui un suspect potentiel d'hérésie (d'où la généralisation des procès sans avocat pour la défense), et d'autre part, l'audition des témoins (dans leur quasi-totalité à charge) se faisait à huis clos et souvent hors la présence de l'accusé.

La multiplication des dénonciations, la démarche toujours suivie par les inquisiteurs qui, à partir d'une dénonciation, interrogeaient un accusé pour savoir qui il avait vu (et où), avoir un comportement de Parfait ou de simple croyant cathare, l'usage de la torture (rendue légale par une bulle d'Innocent IV en 1252), tout cela contribua à créer un climat de terreur dans le Languedoc.

texte qui complète le précédent en lui adjoignant un nouvel élément essentiel. Les vassaux occitans, en raison de l'hommage vassalique qu'ils ont rendu au roi de France, doivent s'impliquer dans la lutte contre les hérétiques, participer à leur recherche : il y a ainsi confusion totale entre le domaine religieux (ecclésiastique) et le domaine civil (séculier) :

« Nous décidons et ordonnons que les barons de la terre, nos officiers et nos autres sujets présents et futurs, s'emploient avec le plus grand soin à purger le pays des hérétiques et de la corruption de l'hérésie. »

La nouveauté de ce texte réside dans le fait que désormais des « officiers » (l'équivalent des fonctionnaires de l'époque moderne) royaux vont être impliqués dans la lutte anticathare.

MONTSÉGUR, LA FIN DES CATHARES (1244)

Montségur : ce mot est lourd de signification ; incontestablement, le bûcher du 16 mars 1244, à l'issue d'un très long siège, reste inscrit dans la mémoire collective comme le symbole, en quelque sorte, de la tragédie cathare. C'est à propos de Montségur que se sont produites les dérives signalées au début de cet ouvrage (le « trésor des Cathares », Montségur « temple solaire », Montségur, relais des religions de l'Inde, Montségur et le Graal, etc.). Depuis quelques décennies, la recherche sur Montségur a

Le village de Montségur.

Photo Jean-Pierre Bouchard.

pourra ni être reçu en témoignage, ni être admis à aucune dignité, ni faire de testament, ni recevoir un héritage. Ses biens meubles et immeubles seront ipso facto confisqués et ne pourront en aucune manière être restitués, ni à lui ni à sa postérité… »

En avril 1229, au moment où est signé le traité de Paris, Louis IX signe un nouveau

connu des développements plus scientifiques fort heureusement ; un des résultats un peu paradoxaux de cette recherche est que certaines présentations jugées aventureuses de N. Peyrat, le grand chantre de l'aventure albigeoise dans la seconde moitié du XIXe siècle, sont jugées moins sévèrement maintenant que les documents et les lieux sont mieux connus.

Par-delà les divergences d'appréciation, il est évident que le siège, la prise et le bûcher de Montségur constituent un repère chronologique essentiel : au-delà de 1244, le catharisme est agonisant et ne survit que peu de temps.

La situation sur place après le traité de Paris

Le traité de Paris plaçait évidemment les autorités religieuses dans une position de force pour extirper l'hérésie cathare ; en novembre 1229, se tient à Toulouse un concile réuni à l'initiative du légat, le cardinal romain Frangipani ; le texte qui en est résulté est une véritable circulaire d'application comme on dirait aujourd'hui, indiquant de quels pouvoirs concrets et précis va disposer une nouvelle institution composée dans chaque province d'un prêtre et de quelques laïcs, chargée de rechercher les suspects, de les dénoncer, de perquisitionner, etc. C'est donc l'institution d'un véritable régime policier à travers le pays. Bref, l'Inquisition est née, même si elle changea de caractère en passant à un ordre religieux et en ne relevant plus des évêques.

Très vite, on assista à l'exécution par des fidèles cathares de certains de leurs compatriotes membres de ces équipes de recherche ; le sénéchal royal André Chaulet est également assassiné. Un climat général lourd de menaces s'instaure. L'attitude du comte de Toulouse, Raymond VII, est, comme cela a été fréquemment le cas, très ambiguë. Ses relations avec l'évêque de Toulouse, Foulque, en poste depuis plus de

LES PROCÉDURES DE L'INQUISITION

Le mot « inquisition », qui vient du latin inquirere, c'est-à-dire s'enquérir, s'informer, est porteur d'une lourde signification. On s'interroge sur la date exacte de son institution car on connaît d'une part les textes du quatrième concile de Latran (1215) qui prévoient la remise systématique des hérétiques au bras séculier, et d'autre part l'activité de Dominique qui crée en 1215 également l'ordre des Frères prêcheurs. Mais il est certain que Dominique ne fut pas le premier inquisiteur. On peut, de manière équilibrée, estimer que le fonctionnement de l'Inquisition et son affirmation comme organisme original et autonome ont « mûri » pendant la chasse aux cathares, avec une mise au point des procédures qui se concrétisent dans des textes après 1230. Il faudra attendre le premier quart du XIXe siècle pour que l'Inquisition cesse d'exister, c'est-à-dire que les procédures, que nous allons rappeler, se sont « affinées » au cours des siècles et que notre description ne correspond pas forcément à la pratique au temps de la lutte contre les cathares.

A l'origine d'un procès, il y a presque toujours une dénonciation : le tribunal de l'Inquisition annonce à l'avance son arrivée dans telle ou telle ville, ou village, en indiquant que la population a trois jours pour s'accuser ou pour accuser certains, sous peine d'excommunication ; on a pu parler, à propos du climat psychologique créé par cette annonce, d'un « espionnage dévastateur ». La dénonciation, si elle est reconnue fondée par le procureur de l'Inquisition (et ce, sans débat contradictoire ni présence d'un avocat), entraîne une arrestation et une mise au secret. Puis le procès commence : on indique à l'accusé qu'un témoin l'a vu faire ceci ou cela, sans lui donner le nom du témoin et le plus souvent sans avocat (un avocat qui assistait sciemment un hérétique encourait par là même l'excommunication… et l'accusation d'être lui-même un hérétique). Le recours à la torture est possible : ingestion forcée d'eau en grande quantité, pieds soumis à la flamme, cuisses, jambes et bras entourés de cordes serrées par torsion. L'accusé peut citer des contre-témoins (à décharge). A la fin du procès, qui peut durer des mois, le tribunal prononce l'acquittement (très rarement) ou une condamnation : pénitence, prison, flagellation, exil, confiscation des biens, interdiction d'exercer une profession ; le condamné est livré au bras séculier pour exécution de la sentence.

C'est en Espagne que l'Inquisition a exercé le plus son autorité d'où le renom des mots « auto de fe » que certains assimilent à tort à une mort par le bûcher ; il s'agit de l'« acte de foi » prononcé par l'Inquisition sous la forme de la sentence rendue en public et qui est conçue comme un témoignage d'attachement à la foi.

On imagine l'effet que ces dispositions produisirent sur la population ; un mécanisme qui conduisait nécessairement à la terreur, à la rébellion et à la répression était en place.

▨ GRANDES CHRONIQUES DE SAINT–DENIS

Les documents anciens, contemporains de la croisade contre les cathares et les albigeois, sont extrêmement rares ; c'est dire l'intérêt que présente cette miniature extraite des *Grandes Chroniques de Saint-Denis* (vers 1400) ; le bûcher est peut-être la caractéristique de cette croisade qui est demeurée la plus présente dans la conscience collective, surtout lorsqu'il concernait non pas une seule personne (comme c'est le cas ici) mais un ensemble de plusieurs dizaines, voire de plusieurs centaines « d'hérétiques ». Bibliothèque municipale de Toulouse, Ms. 512, f° 251 r°, photo de la bibliothèque.

vingt ans, expriment bien cette ambiguïté ; celui-ci, très longtemps partisan quasi frénétique de la répression anticathare, en est arrivé à une position plus conciliatrice. La mort de Foulque (en 1231) et son remplacement par Raymond du Fauga modifient la situation car ce nouvel évêque semble décidé à user de plus de fermeté et de plus d'obstination à l'égard du comte pour qu'il intervienne vraiment dans la lutte contre les hérétiques ; il réussira ainsi à entraîner Raymond VII dans une chevauchée dans la Montagne noire.

Le comte, pressé et même harcelé par ceux qui lui demandent d'appliquer dans les faits les dispositions du traité de Paris sur la chasse aux hérétiques, en vient à préparer et à promulguer (en avril 1233) un édit qui prévoit dans le détail les mesures de police (il

FOULQUE, ÉVÊQUE DE TOULOUSE (VERS 1155-1231)

A l'origine, c'est un marchand, marié, père de deux enfants ; il entre dans l'ordre de Cîteaux en 1195, à l'abbaye du Thoronet dont il devient l'abbé en 1199. Il est élu évêque de Toulouse par le chapitre de la cathédrale en 1205. Ce sera un évêque très actif, appliquant les consignes pontificales en matière de remise en ordre des mœurs des prêtres et de prédication et qui se distinguera par son fanatisme anticathare.

Sa manière d'agir fut différente de celle d'Arnaud-Amaury, abbé de Cîteaux, archevêque de Narbonne, qui avait des visées très matérielles sur le duché de Narbonne. Foulque organisa une véritable milice privée, la Confrérie blanche, qui s'attaqua aux juifs et aux hérétiques et il se heurta très souvent au comte de Toulouse. Il participa à la préparation du traité de Paris et surveilla de près l'application de celui-ci en organisant le concile de Toulouse.

SAINT DOMINIQUE (VERS 1170-1221)

Michelet disait de ce fondateur de l'Inquisition que « personne n'eut plus que lui le don des larmes, qui s'allie si souvent au fanatisme » ; sa vie et son œuvre sont en tout cas étroitement liées à la tragédie cathare. Né en Castille dans une famille noble vers 1170, Dominique de Guzman fut dès 1196 élu chanoine de la cathédrale d'Osma ; à ce titre, il accompagna son évêque en 1203 dans un voyage vers le Danemark (dont on ne sait s'il eut réellement lieu : les deux voyageurs se rendirent en tout cas à Rome).

C'est à ce moment qu'il eut, en passant par Toulouse, l'occasion de constater les progrès réalisés par les hérétiques. Ce fait frappa Dominique qui demanda à être relevé de ses vœux de chanoine et à rester sur place pour prêcher, ce qu'il fit de 1205 à 1215. Il fonda en 1206 un couvent pour les femmes cathares qui avaient abjuré à Prouille près de Toulouse.

Dès le début de la croisade armée (1209), Dominique se lia avec Simon de Montfort (en particulier c'est lui qui maria le fils aîné de Simon, Amaury). Grâce à un don important en sa faveur d'un bourgeois toulousain, il crée un couvent et obtient du pape l'autorisation de créer un ordre de prêcheurs qu'il dirigera jusqu'à sa mort en 1221.

n'est pas d'autre mot adéquat) à appliquer pour cette véritable chasse.

Ce sont les Frères prêcheurs (Dominicains) que le pape (Grégoire IX) a chargés également en avril 1233 de poursuivre les hérétiques et de constituer ce qui va être les tribunaux de l'Inquisition ; ils se mettent très vite à l'œuvre ; le fanatisme qu'ils affichent aboutit à l'explosion.

Le souvenir de saint Dominique demeure vivace et est très entretenu à Fanjeaux : vitraux de Jean Hugo pour la maison de saint Dominique.

Le fait en quelque sorte catalyseur a été macabre : dans un véritable but de terreur (montrer à la population ce qui pouvait lui arriver après le décès en cas d'hérésie), les Dominicains décident d'exhumer les corps de personnes reconnues hérétiques après leur mort et de les brûler en public. Une telle mesure peut aboutir à une émeute ; ce fut en particulier le cas à Albi en 1234.

L'attitude de Raymond VII, si ambiguë comme on l'a déjà vu, suscite toujours l'étonnement lorsqu'on compare la situation à laquelle a à faire face la population dont il demeure le souverain (bien qu'à titre viager seulement) et les manœuvres politiques auxquelles il se livre ; il songe surtout à ses intérêts et en particulier à la reprise de ses terres de Provence qui relèvent de l'empire, d'où ses manœuvres auprès de l'empereur Frédéric II qui est en conflit avec le pape. Pendant ce temps, les conflits se multiplient entre les inquisiteurs, les autorités locales religieuses et civiles et la population ; un exemple particulièrement frappant est fourni par l'expulsion des Dominicains par la municipalité de Toulouse, en l'absence de Raymond VII.

Bien entendu, on assiste à une protestation du pape qui accuse (ce qui est exact) le comte de violer ses engagements et lui enjoint de partir pour la Terre sainte, à Pâques 1237, ce qu'il ne fit pas. De plus, comme le conflit entre le pape et l'empereur Frédéric II prend l'allure d'une véritable campagne militaire, de nouvelles possibilités de manœuvre sont ouvertes à Raymond VII. Mais la guerre va reprendre en Albigeois (au sens très extensif de ce mot) avec l'arrivée en force de Raymond II Trencavel dont le père, vicomte de Béziers et de Carcassonne, avait été une des premières victimes de Simon de Montfort (on se rappelle qu'il était mort assassiné en 1209) ; les domaines du vicomte étaient annexés au domaine royal français depuis 1119 ; c'est durant l'été 1240 que Raymond II Trencavel entame une campagne de reconquête, bénéficiant du soulèvement des populations et du ralliement d'une grande partie de la noblesse de son ancienne vicomté ; il parvient jusqu'à Carcassonne qu'il assiège en septembre 1240 mais à la prise de laquelle il doit renoncer car Louis IX a envoyé des troupes en renfort ; pour échapper à celles-ci, Trencavel se réfugie à Montréal, puis quitte cette ville et réussit à rejoindre l'Espagne. La révolte se terminait par un échec mais encore une fois le pays « albigeois » était ravagé par les troupes royales qui l'occupaient et le traversaient.

Vue générale du site de Montségur.

Photo Jean-Pierre Bouchard.

Montségur
sur le devant de la scène

Le site de Montségur se trouve à l'est de Foix et au sud-ouest de Carcassonne dans le pays d'Olmes, dans la seigneurie de Mirepoix dite « Terre du Maréchal », c'est-à-dire une zone jouxtant celle (vicomté de Béziers et de Carcassonne) annexée à la France en 1229.

On sait très peu de choses sur l'histoire du site avant 1204 ; c'est vers cette date que, « à la demande instante et sur les prières de Raymond de Mirepoix, de Raymond Blasco et d'autres hérétiques, j'ai reconstruit le castrum de Montségur, qui jusque-là était à l'état de ruine [...] il y a quarante ans et plus », déclare aux inquisiteurs, après la chute du château, un des deux coseigneurs de Montségur, Raymond de Péreille.

Le mot « castrum » a un sens bien défini : il s'agit d'un véritable château fortifié et les travaux de fouille entrepris depuis 1950 ont permis d'en retrouver plus que des traces, bien que les forces royales françaises aient bien entendu procédé à la destruction de ces fortifications après la capitulation de 1244.

De multiples documents attestent qu'à partir de 1204, le château de Montségur devient un centre actif de la foi cathare. Au moment où débute la première croisade, un grand prélat cathare, Guilhabert de Castres, s'y installe. Lors du concile de Latran en 1215, le nom de Montségur est expressément cité comme repère d'hérétiques et reproche est fait au comte de Toulouse de n'avoir rien entrepris contre lui.

▨ **Cette stèle qui date de 1960 a été érigée sur l'emplacement supposé et absolument pas certifié du bûcher où périrent 220 (environ) cathares.**

Photo Jean-Pierre Bouchard.

STELE DRESSEE PAR LA SOCIETE DU SOUTENIR ET DES SITES CATHARES PRINTEMPS 1960

GUILHABERT DE CASTRES
(NÉ VERS 1165, MORT VERS 1240)

Théologien cathare, il a participé aux grands débats opposant dans la première décennie du XIIIe siècle des prêtres et des experts religieux des deux camps. Au moment où débute la première croisade, il se réfugie à Montségur, qui vient d'être reconstruit ; il y installera en 1233 le « siège et la tête » de l'église cathare dont il est l'un des plus hauts dignitaires (c'est le premier titulaire de l'évêché de Razès créé en 1226). Son successeur sera Bertrand Marti, qui périra sur le bûcher de Montségur le 16 mars 1244.

Le traité de Paris (1229) a évidemment renforcé le rôle de refuge de Montségur. Ce château relève de deux coseigneurs mais l'un des deux, Pierre-Roger de Mirepoix, cousin germain et aussi gendre de l'autre, est nettement plus actif en matière religieuse. Cela explique que Guilhabert de Castres en 1232 demande

RAYMOND DE PÉREILLE ET PIERRE-ROGER DE MIREPOIX
(COSEIGNEURS DE MONTSÉGUR)

La famille Péreille appartenait à la noblesse du pays d'Olmes ; ses domaines relevaient de deux mouvances féodales : le comte de Foix et le vicomte de Béziers et de Carcassonne ; ce fait permet de comprendre un des aspects de cet ensemble complexe qu'est le système féodal : en effet, les deux suzerains ont sur le vassal qu'est Péreille des droits qui sont des obligations de service (militaire, judiciaire) et aussi probablement des créances en nature ou en espèces, le tout constituant le domaine éminent, à distinguer du domaine utile, c'est-à-dire les revenus provenant de l'exploitation de la terre, qui appartient à la famille Péreille. A noter que les deux suzerains sont à leur tour vassaux du comte de Toulouse (qui détient donc aussi le domaine éminent).

Montségur appartient donc en définitive au comte de Toulouse. Cela a une conséquence directe lorsqu'est signé le traité de Paris : tout le pays d'Olmes passe du comte de Toulouse, dépossédé, à Guy de Lévis, vassal immédiat, direct du roi de France mais les deux coseigneurs n'en tiennent aucunement compte ! Déjà en 1209, Simon de Montfort avait donné le château au même Guy de Lévis.

Raymond de Péreille est né vers 1186, s'est marié avant 1222, et on ne sait pratiquement rien de lui jusque vers 1244 ; l'autre coseigneur est son cousin germain Pierre-Roger de Mirepoix (héritier par sa mère de droits sur Montségur) ; les deux cousins ont à peu près le même âge et Pierre-Roger épousera vers 1239 la fille de Raymond, Philippa, âgée de 15 ans environ (elle était née vers 1225) ; Philippa put quitter Montségur après la capitulation alors que sa mère et sa sœur périrent sur le bûcher.

Pierre-Roger de Mirepoix joua un rôle décisif dans le massacre qui eut lieu à Avignonet car il fournit les exécutants (des hommes d'armes de Montségur) et organisa le guet-apens. On lui prête le propos selon lequel il aurait réclamé aux exécutants le crâne de l'inquisiteur Guillaume-Arnaud pour lui servir de récipient à boire (mais ledit crâne avait été fracassé par les nombreux coups de hache qu'il avait reçus).

que Montségur devienne le « siège et la tête » (domicilium et caput) de l'église cathare persécutée. De nombreux procès d'interrogatoires par des inquisiteurs, analysés avec tant de persévérance et de finesse par Michel Roquebert, donnent des précisions sur l'activité des évêques et des Parfaits cathares à partir de Montségur.

L'article 16 du traité de Paris fait une allusion directe au château de Montségur, à sa situation du point de vue féodal : « Il (le roi

Ségure (Aude).

de France) nous (le comte de Toulouse) laissera tout le diocèse de Toulouse, *excepté la Terre du Maréchal* (souligné par nous) que celui-ci tiendra de lui (le roi). » C'est donc bien du roi de France que le maréchal Guy de Lévis « tiendra » son fief, ce qui donne à l'avance une justification juridique à une action militaire pour chasser les deux seigneurs qui occupent en usurpateurs le domaine.

Toute l'activité religieuse de Montségur n'a pas échappé bien entendu aux agents de l'Inquisition et aux représentants du pouvoir royal français : en particulier, c'est à Montségur que de nombreux croyants cathares se rendaient à l'article de la mort pour y recevoir le *consolamentum.*

Raymond VII, en visite en mars 1241 auprès de Saint Louis qui se trouve alors à Montargis (il faut savoir que jusqu'à la fin du

Avignonet, entre Carcassonne et Toulouse, le long du canal du Midi, est un lieu marquant de l'histoire cathare : c'est ici qu'en 1242 deux inquisiteurs furent assassinés ainsi que leurs collaborateurs par des cathares venus de Montségur, ce qui décida le roi de France à en finir avec le « repaire » de Montségur.

Photos Jean-Pierre Bouchard.

XVIIᵉ siècle, avec la construction de Versailles, la cour du roi de France demeure itinérante), doit prêter un serment (un de plus) : il rappelle à nouveau qu'il s'engage à « combattre de bonne foi (les) ennemis (du roi) en pays albigeois » et à détruire le château de Montségur « sitôt que nous pourrons en être maître » (formule qui est bien dans le style du comte…). Y eut-il vraiment un siège de Montségur à la suite de ce serment ? Les spécialistes sont loin d'en être certains, auquel cas on aurait encore affaire à une attitude ambiguë du comte de Toulouse ; en tout cas, Montségur ne fut pas pris.

En 1242, le château fait encore parler de lui ; un événement, qui rappelle celui survenu en 1208 à Saint-Gilles, se produit, qui va être à l'origine directe de la perte de Montségur. Chaque tournée d'un tribunal de l'Inquisition provoquait de l'irritation parmi les zones traversées ; il s'agissait à chaque fois d'un groupe important de personnes puisque deux inquisiteurs étaient accompagnés de représentants du clergé local, du pouvoir royal et de deux auxiliaires (greffiers, bourreaux aussi sans doute, etc.) ; ainsi, en 1241 et 1242, les inquisiteurs de Toulouse (le dominicain Guillaume-Arnaud et le franciscain Etienne de Saint-Thiberi) procèdent à une importante série d'enquêtes dans le sud de l'Albigeois et le Lauragais.

Le 28 mai 1242, ils passent la nuit à Avignonet, au nord-ouest de Castelnaudary ; tout le groupe (onze personnes) est massacré à coups de hache par des hommes venus pour l'essentiel de Montségur et dont les chefs sont des chevaliers faidits provenant de ce même château de Montségur, le tout représentant une cinquantaine de personnes. L'opération n'était pas fortuite, elle avait été soigneusement préparée.

Spectacle « son et lumière » à Lastours.

Fête médiévale à Villerouge-Termenès.

FAIDITS

Ce mot désignait au Moyen Age les personnes en fuite, les bannis et tout particulièrement, pendant la croisade des albigeois, les suspects d'hérésie cathare chassés de leur demeure par les croisés et dont les biens avaient été confisqués ; le mot s'applique surtout aux nobles dépossédés de leurs fiefs.

Par ailleurs, il a existé à la fin du XIIe-début du XIIIe siècle un jongleur-troubadour du nom de Gauveelm Faidit, né à Uzerche et mort vers 1220, dont les vers étaient appréciés du comte de Toulouse.

Une excommunication (encore une) est lancée contre Raymond VII qui est considéré comme directement responsable de ce massacre collectif. Or, depuis quelques mois, Raymond VII préparait une nouvelle insurrection contre les forces royales françaises et les alliés ; celle-ci fut déclenchée à peu près au même moment que l'affaire d'Avignonet ; la reconquête par le comte de Toulouse de son territoire est rapide (juillet-août), alors qu'une attaque provenant du Bordelais est déclenchée par Henri III d'Angleterre dont Raymond VII a obtenu l'appui pour lutter contre le roi de France.

Lorsqu'on cherche à analyser le cours des événements et à comprendre le cheminement des faits, on ne peut que constater l'écart qui existe entre les ambitions (souvent petites et mesquines) de ces féodaux qui changent de cap presque aussi souvent qu'ils prêtent serment de fidélité, et les drames humains qu'engendrent ces mouvements de troupes et ces combats. Car derrière ces revirements incessants se dessine déjà l'anéantissement de l'hérésie cathare.

Dès la fin août 1242, c'est l'effondrement de la coalition anglo-occitane ; Raymond VII se rend à Lorris (en Gâtinais, donc sur le domaine royal français, loin de Toulouse) en janvier 1243 pour y rencontrer Saint Louis et il promet à nouveau tout, en particulier de faire jurer fidélité au roi et à la religion chrétienne par tous ses vassaux et cela fut effectivement réalisé en février et mars.

Le siège du château de Montségur

Les seigneurs de Montségur (ceux de fait puisque le seigneur de droit, Guy de Lévis, n'occupe pas le château), eux, n'ont pas prêté serment. Leur sort sera évoqué à un concile qui se tient à Béziers en avril 1243 (notons au passage que Raymond VII demande à ce concile de lever l'excommunication qui a été fulminée contre lui après l'assassinat d'Avignonet presque un an plus tôt). C'est le sénéchal royal de Carcassonne, Hugues des Arcis, qui prend en main les opérations militaires contre Montségur avec des troupes françaises et des troupes locales sur la base de l'ost dû par les chevaliers ; il y est aidé par le fait qu'à nouveau la chevauchée est considérée comme une croisade et prêchée comme telle. La direction religieuse de cette chevauchée revient à l'archevêque de Narbonne, Pierre Amiel.

Dès la fin de mai 1243, le siège commence ; à l'issue de recherches minutieuses, Michel Roquebert chiffre à environ 360 personnes le nombre de ceux et de celles qui se trouvent alors dans le château, dont 211 Parfaits et Parfaites ; les combattants auraient été plus d'une centaine. Mais on sait peu de

choses sur les réfugiés « civils » si l'on peut dire, c'est-à-dire les femmes, les enfants ou de simples croyants. Le siège fut exceptionnellement long : neuf mois. Cela s'explique certainement par l'impossibilité, compte tenu de la topographie du lieu, d'opérer un véritable « bouclage » et surtout de démolir les enceintes par des boulets catapultés.

Les assiégeants avaient à résoudre deux problèmes : d'une part, encercler totalement le lieu, ce qui était rendu difficile à la fois par la configuration du terrain et aussi par le fait que les assiégés connaissaient évidemment beaucoup mieux celle-ci qu'eux-mêmes. Il est plus que probable que Montségur, par le rôle emblématique qu'il avait joué depuis trois décennies, bénéficiait non seulement de

Le village de Montségur vu du château.

c'était la seule voie d'accès possible, puisque la partie ouest était défendue par des fortifications. Les cathares ne réussirent pas à déloger les assaillants installés sur la plate-forme conquise.

En novembre, nouveau succès pour les forces royales ; l'évêque d'Albi, venu avec des renforts, était peut-être aussi un ingénieur qui fit fabriquer une catapulte qu'il installa sur la plate-forme conquise ; à partir de là, le bombardement du château et de la tour située entre le château et la plate-forme orientale put commencer.

Les assiégés trouvèrent une contre-mesure : un ingénieur cathare réussit à passer à travers les assiégeants jusqu'au château ; il édifia une machine de guerre qui se mit à bombarder la zone conquise par les forces royales sur la plate-forme (mi-décembre).

Vers la fin décembre, autour de Noël, le fait décisif se produisit : les assiégeants réussirent à s'emparer de la tour de l'est par surprise ; on s'interroge encore actuellement sur le point de savoir quel chemin ils empruntèrent. C'est à ce moment que les responsables du château firent partir, de manière évidemment secrète, à travers les troupes assiégeant le site, un trésor en espèces (or et argent) ; on imagine les considérations, fantasmes et recherches que ce trésor a suscités !

L'ingénieur qui était venu à la mi-décembre revint (ce qui prouve que certaines allées et venues demeuraient possibles) pour monter une nouvelle machine (fin janvier).

Une contre-attaque pour reprendre cette tour de l'est à la fin février 1244 échoue ; profitant du reflux des assiégés, les forces royales tentent de pénétrer dans le château mais elles sont repoussées. C'est la fin : les deux coseigneurs demandent à négocier et acceptent les conditions de la capitulation : sursis de quinze jours pour livrer la place, pardon pour tous les actes passés y compris le massacre collectif d'Avignonet, pénitences légères pour les gens d'armes (les combat-

la sympathie des populations environnantes mais encore d'appuis réels au-delà de la région. Il n'est pas certain que malgré leur nombre (il est estimé à dix mille), les forces royales françaises avec leurs alliés locaux, contraints ou volontaires, aient réussi à encercler totalement le château. Un fait va dans ce sens : l'arrivée dans le château de renforts et de techniciens.

Le deuxième problème était celui de la conquête proprement dite. Il fallut attendre octobre pour qu'un succès significatif fût remporté ; des montagnards basques parvinrent à grimper et à prendre pied sur la plate-forme étroite qui se trouvait sur la partie est du plateau ; celle-ci se trouvait à environ 80 mètres en contrebas du château ;

tants) et ceux qui abjureraient, bûcher pour ceux qui refuseraient l'abjuration.

Pendant la trêve-sursis, trois ou quatre Parfaits s'échappèrent avec l'accord de Pierre-Roger de Mirepoix. Des cathares croyants franchirent l'étape en recevant le *consolamentum*.

Au moment de l'abjuration, 210 à 215 personnes refusèrent : probablement 190 Parfaits et Parfaites et une vingtaine de croyants. En conséquence, elles furent brûlées vives, probablement sur la face sud-ouest du site : enfermés à l'intérieur d'un lieu clos par une palissade de pieux, le feu étant mis à des fagots de bois sec et à de la résine ; les victimes ne furent ni attachées à des poteaux ni étranglées préalablement, elles brûlèrent donc vivantes (16 mars 1244).

Après Montségur

La chute de Montségur et le grand bûcher de Parfaits et de Parfaites ne firent pas disparaître le catharisme. Certains refuges et points d'appui existaient encore, tel le château de Quéribus (pris en 1255) mais la victoire était bien du côté de l'Eglise catholique (à quel prix !...) ; l'Inquisition allait encore étendre son empire en dépit de certaines résistances du pouvoir royal français ; ainsi en 1291 le roi Philippe le Bel intervint pour interdire aux officiers royaux d'obéir aux inquisiteurs.

Sur le plan politique, les mécanismes mis en place par le traité fonctionnèrent ; en 1249, quelques mois après avoir fait brûler à Agen, après un jugement tellement sommaire que même les procédures de l'Inquisition n'avaient pas été suivies, un groupe de 80 hérétiques, le comte de Toulouse Raymond VII mourait sans fils légitime. Encore une fois, on doit se poser des questions, sans pouvoir y répondre, sur la véritable personnalité de cet homme : pourquoi en effet un tel acte à un tel moment ? pour gagner la faveur de l'Eglise ? Pourquoi tous ces serments et ces revirements suivis de nouveaux serments ?

À Villerouge-Termenès (entre Perpignan et Narbonne) fut brûlé en 1321 le dernier « parfait » connu : Guillaume Bélibaste.

Les nouveaux détenteurs du comté étaient le couple formé par Alphonse de Poitiers, frère de Louis IX, et son épouse Jeanne, fille unique de Raymond VII ; Alphonse ne vint à Toulouse que deux fois : en 1251 pour recevoir l'hommage de ses vassaux et en 1270 ; bon administrateur au service de la politique française, il réorganisa le système fiscal local.

Le couple décéda en 1271 et le comté devint alors une province française.

Quelques noms émergent de l'obscurité qui entoure la fin du catharisme ; par exemple celui de Pierre Authié, notaire du comté de Foix ; il partit en Italie vers 1296 afin d'y

suivre la formation qui devait faire de lui un Parfait ; la chasse aux cathares avait eu pour effet de rendre la pratique de la foi cathare clandestine et d'empêcher le fonctionnement de centres de formation alors que l'église cathare disposait encore de points d'appui en Italie. Pierre Authié et son frère Guilhem revinrent dans le comté de Foix vers 1299 et commencèrent leur œuvre de prédication dans les conditions difficiles que l'on devine ; Pierre fut arrêté en 1309, jugé et condamné à être brûlé. La sentence fut exécutée le 10 avril 1310.

Dernier cas connu : Guilhem Bélibaste, né vers 1280, condamné et brûlé en 1321 devant le château de Villerouge-Termenès où il tua vers 1305 un berger qui était un dénonciateur près l'Inquisition ; devenu Parfait, il s'installa comme artisan dans la province de Teruel mais s'étant marié il perdit cette qualité, ayant violé l'obligation de chasteté ; arrêté, il refusa d'abjurer sa foi et fut donc brûlé vif. Il en fut de même pour une femme en 1325 à Carcassonne. L'Eglise cathare italienne, qui avait fait parvenir un message de soutien aux assiégés de Montségur, ne se manifesta plus après 1412 ; la dernière église cathare organisée se trouvait en Bosnie ; elle disparut avec l'invasion ottomane en 1463.

Sur les traces des cathares...

SUGGESTIONS POUR UN ITINÉRAIRE CATHARE

Visiter le pays cathare ne doit pas se limiter à la visite des « châteaux » cathares ; bien que les vicissitudes des temps n'aient laissé subsister que quelques vestiges, certains lieux sont trop porteurs de souvenirs pour qu'on les néglige ; plutôt qu'un itinéraire « fléché », on précisera donc ci-après quelques suggestions permettant au voyageur de découvrir des témoins architecturaux de cette grande tragédie cathare.

Le voyageur doit bien prendre en compte le fait que cette tragédie s'est déroulée dans une zone qui correspond à une dizaine de nos départements actuels.

L'**Aude,** c'est le cœur du pays cathare ; c'est là où se trouvent la plupart des « châteaux » cathares : d'est en ouest, Aguilar, Quéribus, Villerouge-Termenès, Peyrepertuse,

Le château de Peyrepertuse.

Termes, Puilaurens, Puivert et, très au nord, les quatre châteaux de Lastours. Ne pas négliger Alet (un seigneur cathare y fit élire par la force un abbé cathare) et Pieusse (concile cathare en 1226) ainsi que l'abbaye de Fontfroide (sud-ouest de Narbonne), Fanjeaux avec son évocation des dominicains et surtout Bram, cité martyre tout comme Les Cassés.

Dans l'**Ariège,** le site de Montségur attire nécessairement le voyageur mais Montaillou, Mirepoix, Pamiers, Foix méritent la visite.

Dans le **Tarn-et-Garonne,** Moissac, et ses célèbres chapiteaux, a été un lieu de massacres et de bûchers (210 hérétiques y furent brûlés en 1234), Montauban, un pilier de la défense de Toulouse.

Cordes-sur-Ciel, dans le **Tarn,** est peut-être la cité qui témoigne le plus de son passé cathare. Le terme de « croisade des albigeois » doit beaucoup au caractère exemplaire de la répression menée dans la ville d'Albi contre les hérétiques cathares (c'est là que furent exhumés et brûlés des cadavres de cathares). Rabastens fut également un haut lieu de la foi cathare et Lavaur est connu pour le plus grand bûcher qui ait eu lieu (entre 300 et 400 personnes).

Au risque d'allonger le périple, mentionnons encore Avignonet **(Haute-Garonne),** Toulouse bien sûr (devant laquelle périt Simon de Montfort), Muret (où fut tué le roi d'Aragon).

S'il étudie un peu l'histoire locale, le voyageur retrouvera dans bien d'autres lieux de ce Midi occitan le souvenir des Cathares...

LES « CHÂTEAUX » CATHARES

Cette expression est utilisée, de façon commode, pour désigner des châteaux où se déroulèrent des faits de guerre ou des massacres lors de la croisade des albigeois. Mais il serait erroné d'assimiler l'aspect actuel de ces forteresses, très souvent en ruines, à celui qu'elles avaient à l'époque des cathares ; en effet, les vicissitudes de l'histoire (démolition systématique après les sièges, reconstruction lorsque la région devenue française était une zone frontière avec l'Espagne puis abandon de cette ligne de fortifications), font de ces ruines des lieux évocateurs de tout un passé dramatique plutôt que l'expression d'un témoignage historique.

LE CHÂTEAU DE MINERVE

Ce château se trouve dans la partie sud du département de l'Hérault, à la lisière de celui de l'Aude. Il doit sa triste célébrité au fait qu'il fut le lieu du premier bûcher de cathares de la croisade. Simon de Montfort aurait été poussé à le conquérir par certains habitants de Narbonne qui y auraient vu là un moyen de se débarrasser de concurrents en matière viticole (les motivations d'intérêt sont souvent présentes dans les opérations menées de part et d'autre).

Le village, situé sur un éperon rocheux bordé de deux ravins, était partagé par le château qui fermait l'accès au plateau ; il reste peu de choses de celui-ci.

Le château de Minerve,
au nord-ouest de Narbonne.

▣ LE CHÂTEAU DE TERMES ▣

▣ **Le château de Termes.**

Le château, dont il reste quelques vestiges, avec en particulier une fenêtre (très photographiée !) en forme de croix, s'élevait au sommet d'un pic de 470 mètres de haut ; il était accessible surtout par le sud, le nord donnant sur un à-pic de 80 mètres, l'est sur des pentes très fortes et l'ouest également mais à un degré moindre. Le siège dura quatre mois, d'août à novembre 1210, après la prise de Minerve. Raymond, seigneur de Termes, était apparenté à Guillaume de Minerve.

La famille seigneuriale de Termes était impliquée fortement dans la foi cathare ; le frère de Raymond participa, du côté cathare, à la controverse avec des prélats catholiques à Montréal (1207) ; il devint évêque (cathare) du Razès et figure parmi les participants du concile (cathare) de Pieusse en 1226.

L'armée croisée utilisa durant le siège plusieurs machines de guerre dont une due aux qualités d'ingénieur d'un archidiacre de Paris, Guillaume, qui participait à la croisade. Cela permit à Simon de Montfort d'endommager puis de prendre une tour (« termenet ») qui se trouvait en avant des deux lignes de fortifications protégeant le château sur la face sud.

C'est le manque d'eau, et surtout sa pollution dans les citernes, qui contraignit Raymond de Termes à capituler ; en fait, la garnison abandonna subrepticement le château. Raymond, arrêté alors qu'il revenait au château, mourut en prison à Carcassonne en 1213.

Le château fut donné par Simon de Montfort à Alain de Roucy, un croisé. Les fils

de Raymond, devenus « faidits », combattirent dans les rangs cathares jusqu'en 1227, l'un d'eux, Olivier, jusqu'en 1240 ; celui-ci se rallia à Louis IX, partit avec lui en Terre sainte, participa à la bataille de Damiette (où le roi de France fut fait prisonnier), s'arrêta sur le retour un an à Chypre ; il fut présent au siège du château de Quéribus, dernier site cathare qui sera conquis en 1255, mais cette fois du côté des forces royales. Il retourna en Terre sainte en 1264 puis de 1267 à 1270 et encore après cette date pour un dernier séjour. Il mourut en 1275.

Alain de Roucy, nouveau possesseur de la seigneurie, participa à la bataille de Muret (1213) et contribua en particulier à la mort de Pierre II d'Aragon ; il reçut de nouvelles seigneuries : Bram, célèbre par le supplice qui s'y tint, et Montréal ; il mourut du reste dans ce dernier château en 1228, assiégé par les comtes de Toulouse et de Foix lors de leur révolte après l'échec et la mort de Simon de Montfort devant Toulouse.

Le château passa en 1224 aux mains de l'archevêque de Narbonne et revint au roi de France en 1228 qui en fit une forteresse frontalière avec garnison royale ; il fut démoli en 1653 par décision de Louis XIV qui le jugeait inutile et coûteux d'entretien. Après divers avatars, les ruines devinrent en 1915 et jusqu'en 1988 propriété du Touring Club de France. Il est maintenant propriété communale.

Le château de Termes.

◈ LE CHÂTEAU DE PUIVERT ◈

Avant d'être assiégé et pris par Simon de Montfort en novembre 1210 (après Minerve et Termes), le château de Puivert avait connu à la fin du XIIe siècle une certaine célébrité parce qu'il était le lieu de concours de poésie avec la participation de grands troubadours ; Aliénor d'Aquitaine, épouse de Louis VII puis de Henri II d'Angleterre, y serait venue.

La seigneurie détenue par Bernard de Congost était acquise au catharisme : Sicard de Puivert prit part au massacre des inquisiteurs à Avignonet (1242) et défendit Montségur, et Saissa de Congast périt, Parfaite, dans le bûcher de Montségur (1244).

Le siège ne dura que trois jours, les défenseurs cathares ayant réussi à s'échapper ; le château fut donné soit à Pons de Brugères, soit à Lambert de Thury (les documents sont contradictoires).

La topographie des lieux a évolué depuis l'époque cathare : un lac se trouvait sous le château et disparut en 1279, englouti par le sol ; un nouveau lac artificiel a été recréé à l'époque contemporaine. L'essentiel des ruines actuelles date des XIIIe et XIVe siècles.

◈ **Le château de Puivert.**

⬚ LE CHÂTEAU DE MONTSÉGUR ⬚

Ce château doit sa célébrité au fait qu'il fut le lieu où, le 16 mars 1244, sur ordre de l'Inquisition et du pouvoir royal, plus de deux cents Parfaits et Parfaites périrent par le bûcher. Le site correspond à un plateau calcaire ou « pog » entouré de falaises de 80 à 150 mètres de haut, d'une superficie d'environ 5 hectares (700 mètres de long

⬚ **Montségur.**

Photos Jean-Pierre Bouchard.

vel ensemble fortifié est « castrum », c'est-à-dire à la fois un donjon, un corps de logis (castellum) et un village, le tout entouré d'une enceinte. Les travaux de fouille entamés vers 1947, mais surtout développés dans une véritable perspective archéologique à partir de 1964, ne permettent pas encore de se faire une idée complète de ce qu'était ce castrum.

Schématiquement, on peut distinguer d'est en ouest sur le plateau : le

⬚ **Stèle moderne destinée à commémorer le souvenir du bûcher de Montségur.**

Photo Jean-Pierre Bouchard.

sur 60 à 150 mètres de large) ; le château lui-même était bâti à plus de 1 200 mètres d'altitude, au centre de ce qui a été le cœur du « pays cathare », dans les Pyrénées ariégeoises.

On ne sait rien du château antérieur à la reconstruction entreprise à partir de 1204 à la demande des autorités ecclésiastiques cathares. Le mot exact pour désigner ce nou-

roc de la tour, une tour, un fossé, enfin le château proprement dit défendu à l'ouest par un mur et des fortifications particulières.

A la fin du XIIIe siècle, le château, qui constituait un des éléments de la défense de la frontière de la France, fut reconstruit et c'est de celui-ci que proviennent les ruines actuelles.

▣ LE CHÂTEAU DE PEYREPERTUSE ▣

C'est le plus grand château cathare, sur-nommé par certains la « Carcassonne céleste ».

Dans le cadre du système féodal, la sei-gneurie de Peyrepertuse relevait à la fois de la vicomté de Narbonne et du royaume

d'Aragon ; l'action militaire des croisés ne semble pas l'avoir concernée. En 1217, Guilhem de Peyrepertuse rendit hommage à Simon de Montfort en précisant qu'il était vassal d'Aymar, vicomte de Narbonne ; en 1219, il participa à la révolte contre les croi-sés et occupa le château de Puilaurens ; il fut excommunié. Fait qui témoigne de la com-plexité des liens féodaux, l'autre suzerain, c'est-à-dire le royaume d'Aragon (en l'occur-rence le régent puisque l'héritier du roi mort à Muret, Pierre II, était mineur) avait fait hommage en 1226 au roi de France et vendu le château à Louis IX.

▣ **Le château
de Peyrepertuse.**

■ Le château
de Peyrepertuse.

La France ne prit possession de Peyrepertuse qu'en 1240 des mains de Guilhem après un siège de trois jours. Comme bien d'autres places fortes de la région, il devint un des maillons de défense de la frontière avec l'Espagne. Sa situation est en effet très efficace : sur une crête à 800 mètres d'altitude, avec un accès du côté nord. Datent du début du XIIᵉ siècle, l'église, la tour-citerne et le logement du donjon-vieux ; les fortifications, elles, datent du milieu du XIIIᵉ siècle.

▣ LE CHÂTEAU DE PUILAURENS ▣
(ANCIENNEMENT « PUYLAURENS »)

C'est le château situé le plus au sud du royaume de France. Sa situation dans le système féodal était semblable à celle de Peyrepertuse dont il suivit le destin.

Il est construit sur un piton rocheux ayant la forme d'un arc de cercle à 697 mètres d'altitude et a conservé beaucoup d'éléments de la période cathare.

◈ **Le château
de Puilaurens.**

✠ LE CHÂTEAU DE QUÉRIBUS ✠

Ce château est situé sur une des émergences de la barrière sud des Corbières. Après avoir relevé de la double mouvance du comté de Besalu et de la vicomté de Narbonne, la seigneurie de Quéribus fit partie du royaume d'Aragon à partir de 1162 et constitua un des éléments de la frontière nord de celui-ci ; la vicomté de Narbonne disposait toujours du domaine utile, c'est-à-dire des revenus de la terre.

Le château resta en dehors des conflits armés durant la croisade mais constitua un refuge. En 1239, le régent du royaume d'Aragon le vendit ainsi que le château de Peyrepertuse à Louis IX ; mais cela n'empêcha pas Quéribus de rester un foyer de foi cathare, d'où les attaques menées en 1255 par Pierre d'Auteuil, sénéchal (fran-

çais) de Carcassonne avec l'aide de l'archevêque de Narbonne. Le château capitula dans des conditions encore mal expliquées.

De la construction du XIIᵉ siècle, il subsiste la base sud du donjon et l'ouvrage défensif extérieur du côté est de celui-ci.

▨ **Le château de Quéribus.**

❖ LE CHÂTEAU D'AGUILAR ❖

De manière étonnante, compte tenu de sa position stratégique (il était le maillon le plus situé à l'est, près de Narbonne, de la chaîne des châteaux cathares), Aguilar est resté à l'écart des chevauchées ; il appartenait alors à la famille de Termes, vassale de Trencavel, vicomte de Béziers et de Carcassonne. Aucun fait de guerre n'y est attaché. Olivier de Termes, après avoir participé à l'ultime révolte de 1240, fit soumission à Louis IX après l'avoir déjà fait en 1228.

Après le rattachement au royaume de France, le château fit partie de la ligne de protection de la frontière, ligne qui cessa d'être entretenue après le traité des Pyrénées.

❖ LES CHÂTEAUX DE LASTOURS ❖

Il faut employer ici le pluriel car en fait il s'agit de quatre places fortes qui vont du sud au nord, Quertinheux, Surdespine, Tour Régine et Cabaret. C'est cette dernière dont le nom revient fréquemment dans les chro-

niques de la lutte contre les cathares et qui concerne en fait les quatre éléments.

L'ensemble se trouve sur un éperon rocheux d'environ 600 mètres de long isolé par deux vallées très profondes ; la région qui porte le nom de Cabardès était dans la mouvance des vicomtes de Béziers et Carcassonne ; à la fin du XIIe siècle elle était acquise à la foi cathare et les places fortes

❖ **Le château d'Aguilar.** En haut.

❖ **Le château de Villerouge-Termenès.** A droite.

❖ **Le château de Lastours.** En bas.

servirent durant les chevauchées des croisés à la fois de refuge pour les Parfaits et les croyants et de point d'appui pour une activité de guérilla. La présence de Parfaits et de Parfaites exerçant leur ministère est attestée à Cabaret vers 1280, c'est-à-dire bien après la prise par les forces royales des châteaux de Montségur et de Quéribus, ce qui montre que ces deux événements n'avaient pas anéanti l'hérésie cathare.

En fait, l'originalité de ces quatre places fortes, et surtout celle de Cabaret, réside dans le fait qu'il n'y eut jamais de long siège, de massacre ou de bûcher. Mais les combats furent nombreux à proximité immédiate : en 1209, le duc de Bourgogne échoua dans l'assaut de Cabaret et Bouchard de Marly (un proche de Simon de Montfort) fut fait prisonnier, les suppliciés de Bram y furent envoyés par les croisés en 1210 (yeux crevés et nez coupé). En 1211, Pierre-Roger de Cabaret, un des chefs de la résistance cathare, procéda à un échange avec les croisés : le château et son prisonnier Bouchard de Marly contre d'autres domaines ; il reprit son fief quelques années plus tard mais, après avoir résisté en 1227 à Humbert de Beaujeu, devint vassal du roi de France par le traité de Paris, à partir duquel les quatre places fortes devinrent citadelles royales.

Il ne reste rien des châteaux construits de 1050 environ à 1150 environ ; en revanche, les éléments construits ou reconstruits vers 1240 sont visibles.

▨ LE CHÂTEAU DE VILLEROUGE-TERMENÈS ▨

C'est devant ce château, en août 1321, que fut brûlé vif le dernier Parfait connu, Guillaume Bélibaste ; il fut la propriété de l'archevêque de Narbonne au moins depuis 1107 jusqu'à la Révolution française. L'essentiel de la construction date du troisième quart du XIIIe siècle ; le donjon, lui, a été bâti au début du XIVe siècle.

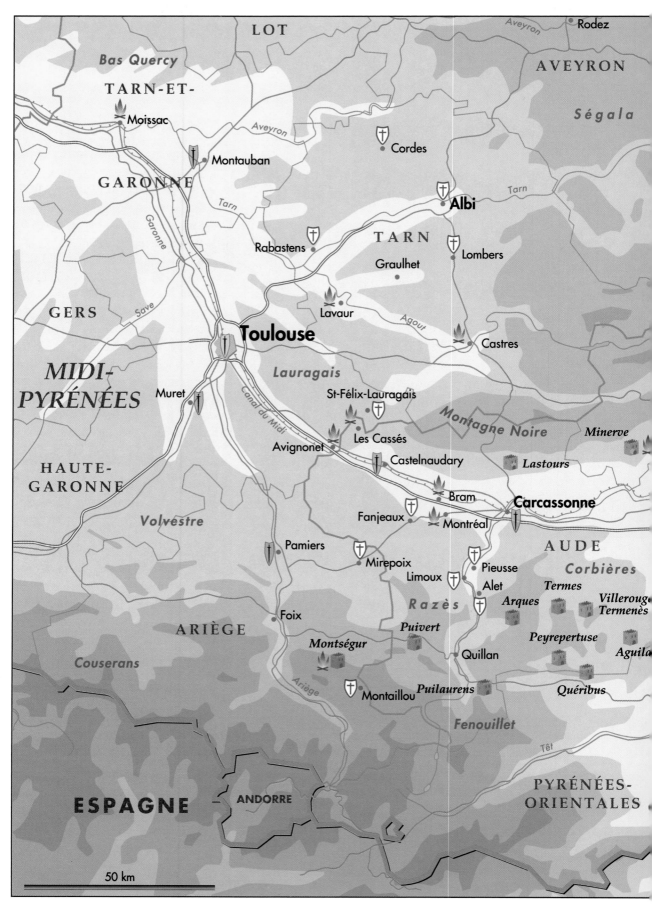

Rodez

AVEYRON

Ségala

Bas Quercy

TARN-ET-

Moissac

Montauban

GARONNE

Cordes

Albi

TARN

Lombers

Rabastens

Graulhet

Tarn

Aveyron

Tarn

GERS

Save

Lavaur

Agout

Castres

Toulouse

MIDI-
PYRÉNÉES

Muret

Canal du Midi

Lauragais

St-Félix-Lauragais

Montagne Noire

Minerve

Les Cassés

Avignonet

Lastours

Castelnaudary

Carcassonne

HAUTE-
GARONNE

Bram

Volvestre

Fanjeaux

Montréal

AUDE

Pamiers

Corbières

Mirepoix

Pieusse

Termes

Villerouge-
Termenès

Limoux

Alet

ARIÈGE

Razès

Arques

Foix

Puivert

Peyrepertuse

Aguila

Montségur

Quillan

Couserans

Ariège

Montaillou

Puilaurens

Quéribus

Fenouillet

Têt

PYRÉNÉES-
ORIENTALES

ESPAGNE

ANDORRE

50 km

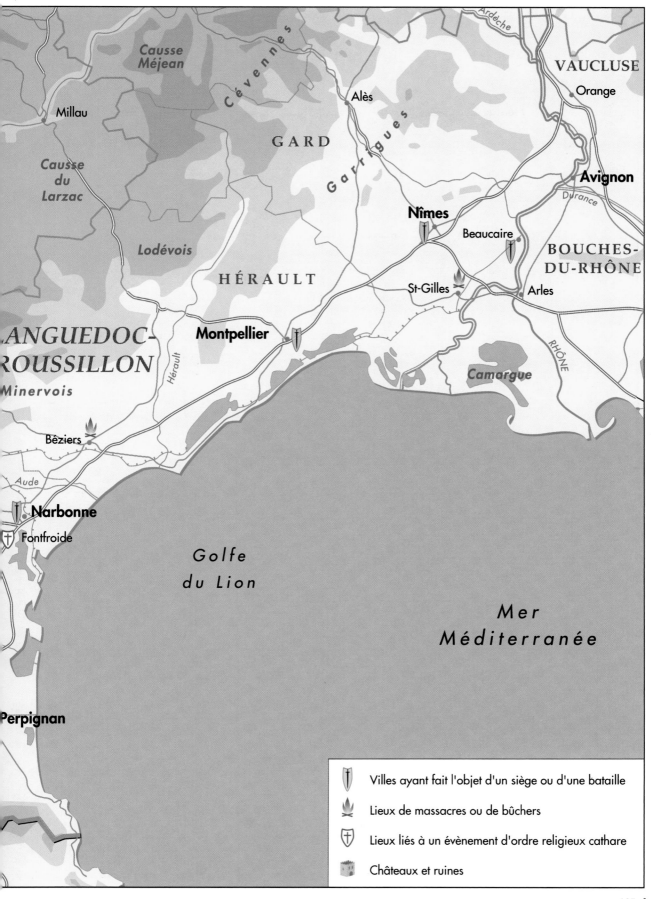

VAUCLUSE

Orange

Causse
Méjean

Cévennes

Millau

Causse
du
Larzac

GARD

Alès

Garrigues

Ardèche

Avignon

Durance

Lodévois

Nîmes

Beaucaire

**BOUCHES-
DU-RHÔNE**

HÉRAULT

St-Gilles

Arles

LANGUEDOC-
ROUSSILLON

Montpellier

Hérault

Camargue

RHÔNE

Minervois

Béziers

Aude

Narbonne

Fontfroide

*Golfe
du Lion*

*Mer
Méditerranée*

Perpignan

Villes ayant fait l'objet d'un siège ou d'une bataille
Lieux de massacres ou de bûchers
Lieux liés à un évènement d'ordre religieux cathare
Châteaux et ruines

ANNEXES

CHRONOLOGIE

1167
Concile cathare à Saint-Félix-de-Lauragais ; création de quatre évêchés cathares.

1177
Lettre de Raymond V à l'ordre de Cîteaux pour lui signaler le « développement effrayant » de l'hérésie cathare.

1194–1222
Règne de Raymond VI, comte de Toulouse.

1198–1216
Pontificat d'Innocent III.

1204
Controverse entre cathares et catholiques à Carcassonne à l'initiative du roi d'Aragon ; conversion ouverte à la foi cathare de la sœur du comte de Foix, Esclarmonde.

1206
Début de la prédication dominicaine.

1207
Nouvelle controverse à Montréal.

1208
Assassinat du légat Pierre de Castelnau à Saint-Gilles.

1209
Début de la croisade des albigeois ; massacre de Béziers. Simon de Montfort devient vicomte de Béziers et de Carcassonne.

1210
Bûcher de Minerve.

1211
Bûchers de Lavaur et de Les Cassès.

1213
Faux arrêt de la croisade et reprise de celle-ci. Bataille de Muret, défaite des Occitans soutenus par l'Aragon, mort de Pierre II.

1214
Bûcher de Morlhon.

1215
Simon de Montfort, comte de Toulouse ; concile de Latran.

1218
Mort de Simon de Montfort pendant le siège de Toulouse.

1219
Massacre de Marmande.

1222–1249
Règne de Raymond VII, comte de Toulouse.

1224
Amaury, fils de Simon de Montfort, cède ses droits sur la région au roi de France.

1226
Croisade en Albigeois de Louis VIII ; concile cathare de Pieusse avec création d'un cinquième évêché.

1229
Traité de Paris.

1231
Création de l'Inquisition par le pape Grégoire IX qui confie à l'ordre des Dominicains le soin de poursuivre et d'extirper l'hérésie en Languedoc et Provence.

1242
Assassinat de collaborateurs de l'Inquisition à Avignonet.

1243–1244
Siège de Montségur et bûcher.

1249
Bûcher à Agen ; Alphonse de Poitiers, frère de Saint Louis, devient comte de Toulouse.

1255
Capitulation de Quéribus.

1258
Traité de Corbeil.

1271
Mort d'Alphonse de Poitiers et de son épouse ; rattachement du comté de Toulouse au domaine royal français.

BIBLIOGRAPHIE

Celui ou celle qui désire approfondir ses connaissances sur les cathares dispose maintenant d'ouvrages à la fois sérieux et agréables à lire, ce qui n'était pas le cas voici deux ou trois décennies, car durant une longue période l'abondance des titres a souvent dissimulé l'insuffisance de la recherche.

L'ouvrage de référence nous semble être la série de quatre volumes (le cinquième est à paraître) qu'a écrite Michel Roquebert sous le titre *L'Epopée cathare* (éditions Privat à Toulouse) ; l'auteur a dépouillé les procès-verbaux établis par les inquisiteurs dont le contenu nous permet de connaître une foule de détails sur la personnalité et le genre de vie des suspects d'hérésie.

A partir d'une méthode de travail identique, Jean Duvernoy a publié (également chez Privat) *La Religion des cathares* et *Histoire des cathares*, ouvrages également sérieux et accessibles, à la différence de bien d'autres publications sur la religion cathare, domaine où la fantaisie et le fantasme sont assez répandus.

Une allusion particulière doit être faite à un ouvrage déjà ancien d'Achille Luchaire, *La Croisade des albigeois* (publiée au début du siècle) qui présente une particularité étonnante pour l'époque, très imprégnée des principes jacobins et centralisateurs de l'enseignement de la IIIᵉ République ; en effet, ce livre d'un grand spécialiste de l'histoire médiévale met l'accent sur le côté destructeur et envahisseur des troupes « françaises » en Occitanie : une telle tonalité « régionaliste » est tout à fait étonnante pour la date à laquelle a été préparé et publié ce livre (en revanche, bien sûr, la base de documentation s'est beaucoup enrichie par la suite grâce au dépouillement des registres de l'Inquisition et de ce fait certaines appréciations de Luchaire doivent être révisées).

Cependant, si on veut laisser l'imagination vagabonder, on peut lire ou parcourir l'*Histoire des albigeois* (en trois volumes) de N. Peyrat paru en 1880. Par-delà les insuffisances, les erreurs ou les exagérations de cet ouvrage, il faut rendre hommage à l'auteur qui a su ressusciter une page de l'histoire occitane et de la vie religieuse cathare, longtemps occultée après la disparition de ceux-ci.

Bien d'autres ouvrages sur des aspects généraux ou particuliers du drame cathare pourraient être cités mais nous avons délibérément choisi d'en rester à l'essentiel, au sens le plus strict du terme. Nous pouvons signaler l'ouvrage d'Anne Brenon, *Les Cathares, pauvres du Christ ou apôtres de Satan*, dans la collection Découvertes Gallimard paru en 1997, petit livre très illustré qui aborde surtout les aspects religieux de la tragédie cathare et qui remet les choses en place pour ce qui concerne la dérive de certaines interprétations et la réalité historique des « châteaux cathares ».

Nous remercions vivement le centre d'études cathares René-Nelli de Carcassonne de son aide précieuse pour la collecte iconographique des illustrations de cet ouvrage.

INDEX DES NOMS DE PERSONNES

Compte tenu du fait qu'à l'époque (XIIIe siècle) les noms de famille et leur orthographe n'étaient pas encore fixés, on ne s'étonnera pas que celle-ci varie selon les documents ; afin de faciliter les recherches, cet index est établi à partir du premier mot (ce qui souvent allait devenir plus tard le prénom au sens moderne) de l'ensemble dénommant la personne.

INDEX DES NOMS DE LIEUX

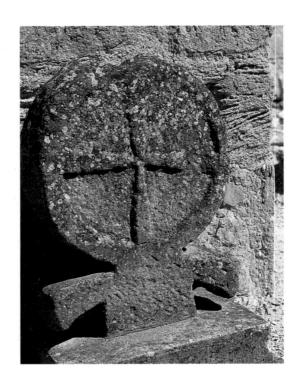

© 1998 – Éditions Ouest-France, Édilarge S.A., Rennes

Flashage numérique CTP

Cet ouvrage a été achevé d'imprimer par l'imprimerie Mame à Tours (37)

I.S.B.N 2.7373.2131.X – Dépôt légal : mars 1998

N° d'éditeur : 3518.01.07.03.98